国家智库报告 2016（29）
National Think Tank

经　济

互联互通战略研究·国内篇

谢士强　曹红辉　朱守先　温灏　著

STUDY ON CHINA'S DOMESTIC CONNECTIVITY STRATEGY

中国社会科学出版社

图书在版编目(CIP)数据

互联互通战略研究. 国内篇/谢士强等著. —北京：中国社会科学出版社，2016.6
(国家智库报告)
ISBN 978 – 7 – 5161 – 8217 – 8

Ⅰ.①互… Ⅱ.①谢… Ⅲ.①中国经济—经济发展战略—研究 Ⅳ.①F120.4

中国版本图书馆 CIP 数据核字(2016)第 109511 号

出 版 人	赵剑英
责任编辑	王 茵
特约编辑	张 潜
责任校对	李 莉
责任印制	李寡寡

出 版	中国社会科学出版社
社 址	北京鼓楼西大街甲 158 号
邮 编	100720
网 址	http://www.csspw.cn
发 行 部	010 – 84083685
门 市 部	010 – 84029450
经 销	新华书店及其他书店

印刷装订	北京君升印刷有限公司
版 次	2016 年 6 月第 1 版
印 次	2016 年 6 月第 1 次印刷

开 本	787 × 1092 1/16
印 张	6.5
插 页	2
字 数	70 千字
定 价	28.00 元

凡购买中国社会科学出版社图书,如有质量问题请与本社营销中心联系调换
电话:010 – 84083683

摘要：随着中国共产党的十八大顺利召开，中国经济开始逐步进入新常态，世界经济继续处于深度调整之中，如何抓紧全面推进小康社会建设和中华民族伟大复兴逐渐成为新时期中共面临的重大历史任务。习近平总书记在深刻洞察世界发展大势和中国经济社会发展规律与现状的基础上，及时提出了"一带一路"重大战略构想，并得到了国内外特别是周边国家的积极响应和支持。考虑到"一带一路"实质是国际互联互通，且只是其中一种，而任何国际互联互通的有效实施都必须符合国内互联互通的发展需要，因此及时开展中国国内互联互通战略研究显得尤为必要。为此，本文按照从外到内、从理论到实践的逻辑顺序从外部关系特点、内部基本构成和中国发展实践等方面相继展开了创新研究，并初步提出了一套研究思路。在外部关系特点方面，主要分析了国内互联互通与国际互联互通的联系和区别、时代背景和影响因素等。在内部基本构成方面，主要研究了其实施风险、实施动力、实施途径、实施主体、实施态度和实施策略等内容，并结合中国发展实际作了适当说明。在中国发展实践方面，通过认真回顾新中国成立以来国内互联互通的发展历程，初步划分了三种基本类型，归纳总结了实施主体等六个方面变化的主要特征，并在全面把握互联互通理论研究严重缺乏等八个方面问题的基础上，提出了相应政策建议，如逐步整合制定中国国内互联互通战略规划及其实施方案，逐步推进完善中国国内基础设施互联互通，逐步分类建立中国国内互联互通评价体系等。

Abstract: With the successful convening of the 18th CPC National Congress, China has entered into New Normal, and the world economy continues in in-depth adjustment. How to build up a well – off society in a comprehensive way and to achieve the great rejuvenation of the Chinese nation has become a major historical task that our party is facing with in the new period. Base on Xi's deep insight into the world development trend and the laws and current situation of China's economic and social development, President Xi Jinping puts forward "the Belt and Road" strategy in a timely manner, which received a positive response and support at home and abroad, especially in neighboring countries. Considering the fact that the essence of "the Belt and Road" is just only one kind of international connectivity, and the effective implementation of any connectivity must meet the development needs of domestic connectivity. Therefore, carrying out strategic research of domestic connectivity is particularly necessary. Hence, this paper, following the logic order of starting from outside to inside and from theory to practice, presents innovative research on the characteristics of external relations, internal structure, basic aspects of our development practices and other aspects. In addition, this paper proposes a set of new research ideas.

In terms of the characteristics of external relations, this paper mainly analyzes their similarity and differences with the international connectivity, the historical background and influence factors. In terms of the basic interior structure, this paper mainly conducts research on the risks of its implementation, the motivation for implementation, approaches for implementation, subject, attitudes and strategies of implementation, and makes the appropriate illustrations based on the facts of China's development. In the aspect of China's development practices, this paper divides China's economic development model into three basic types through review the development process since the establishment of People's Republic of China.

This paper also summarizes the main features of the implementation subject in six aspects, and proposes countermeasure policy-making suggestions in eight aspects which seriously lack studies. The suggestions include how to make domestic connectivity strategies and its implementation plan, how to improve domestic connectivity of infrastructures and how to build up evaluation system for domestic connectivity at different levels.

目　录

随着 2013 年 9 月 7 日习近平总书记出访哈萨克斯坦时提出"丝绸之路经济带"重大倡议和 2013 年 10 月 3 日出访印度尼西亚时提出"海上丝绸之路"重大倡议,"一带一路"重大战略构想特别是其主要特征"互联互通",作为新时期中国对外发展战略开始逐渐被国内外所熟知。2014 年 11 月 8 日,习总书记在京主持召开了"加强互联互通伙伴关系"东道主伙伴对话会,并发表了《联通引领发展 伙伴聚焦合作》的主题演讲。但是,由于互联互通主要起源于 1951 年 4 月 18 日的法德煤钢联营和 2010 年 10 月 28 日的《东盟互联互通总体规划》等经济外交领域,所以人们不可避免会存在不同程度的认识误区,以为互联互通只存在于不同国家(或地区)之间,殊不知它还存在于一个国家(或地区)内部,并且占据非常重要的主导地位。为了全面准确把握中国和周边国家之间互联互通，并继续抓紧分步推进和落实，也为了及时、客观、有效地正确看待和继续推进国内互联互通，现根据本课题要求和主要安排，仅对中国国内互联互通问题进行初步研究，以期引起有关专家、学者和政府部门等必要重视。

一 国内互联互通对中国和周边国家之间互联互通的重要意义

（一）国内互联互通是中国和周边国家之间互联互通的重要组成部分

中国和周边国家之间互联互通既包括国际互联互通，也包括国内互联互通，两者是辩证统一的，并伴随两者的此消彼长而发生不同程度的变化，但不管如何变化，国内互联互通在其中所扮演的主导角色都不会根本改变，毕竟国际互联互通只是其必要的延伸和有效的拓展，目前正在实施的"一带一路"重大战略构想也是如此。既没有不包括国内互联互通的中国和周边国家之间互联互通，也没有不存在于中国和周边国家之间互联互通中的国内互联互通，只有实现两者互相协调、互相促进、互相配合，才可能确保国内及其国际互联互通平稳健康和可持续发展。

（二）国内互联互通是继续推进小康社会和伟大复兴的重要战略抓手

不管是小康社会的继续推进，还是伟大复兴的逐步实现，都需要适当的战略抓手，否则将难以产生必要的物质财富和形成一定的制度体系。国内互联互通在中国和周边国家之间互联互通中所占据的主导地位决定着它可以成为而且应该成为前者的重要的战略抓手，不仅因为它能有效促进国内资源的有效合理配置，还因为它能及时促进必要的社会公平正义，如不断促进区域之间协调发展、继续推进城乡一体化和逐步推动收入分配更加合理等，结果将会更加充分调动各种主体积极性，及时推动各种资源合理流动，继续确保中国经济社会全面协调与可持续发展。

（三）国内互联互通是继续落实开放型对外发展战略的重要战略基石

开放型对外发展战略的有效实施需要依靠国际互联互通，更需要依靠国内互联互通，不仅因为前者是后者的必要延伸，而且因为任何对外发展战略最终都要服从和服务于国内经济社会发展需要，当然也应服从和服务于国内互联互通发展需要，所以国内互联互通应是继续落实开放型对外发展战略的重要战略基石。它既决定其继续落实的重要战略方向，也决定其继续落实的重要战略归宿，还决定其继续落实的主要实施途径，因此它必然决定对外发展战略继续落实的其他基本规定和有关要求等。2014 年 11 月 8 日,习近平总书记对"一带一路"和互联互通之间关系的形象比喻①,实际上也是对"一带一路"和国内互联互通之间关系作出的间接回答。

① 即"'一带一路'和互联互通是相融相近、相辅相成的。如果将'一带一路'比喻为亚洲腾飞的两只翅膀,那么互联互通就是两只翅膀的血脉经络。"参见习近平《联通引领发展 伙伴聚焦合作——在"加强互联互通伙伴关系"东道主伙伴对话会上的讲话》,新华网(http://www.xin-huanet.com),2014 年 11 月 9 日。

二　国内互联互通与国际互联互通
之间的联系和区别

　　国内互联互通和国际互联互通的同时并存与相互作用，要求我们必须认真分析彼此之间的联系和区别，只有这样，才能更加准确地把握国内互联互通的基本特点，才能更加充分发挥各自的主要作用，才能更加有效促进彼此之间的密切配合。一般来说，无论是国内互联互通，还是国际互联互通，实质都是互联互通，都要符合互联互通的基本要求，都要包含互联互通的基本构成，都要承担互联互通的基本责任，包括促进内部的资源合理配置、实现群体的基本物质诉求和改善必要的生存发展环境等。但由于所处的发展环境有所不同，所以两者也会有不同程度的区别。例如，在实施主体方面，国内互联互通主要归属于单个国家（或地区），而国际互联互通则主要分属于两个甚至多个涉事国家（或地区）；在实施依据方面，国内互联互通主要遵循国内（或地区）有关法定依据，而国际互联互通则除了遵循各自国家（或地区）有关法定依据外，还要遵循一定的相关国际惯例和通行规定等（详见表1）。

表1   国内互联互通与国际互联互通之间的联系和区别

内容＼类型	国内互联互通与国际互联互通之间的联系和区别	
	联系	区别
实施目标	两者都包括内部的资源合理配置、群体的基本物质诉求实现和必要的生存发展环境改善等各种实施目标	在目标对象上，国内互联互通主要包括资源、技术、人才和市场等，而国际互联互通则还要包括地理区位、战略通道和政治价值等各种目标
实施依据	两者都遵循与互联互通有关的法律法规、政策措施和制度规定等各种实施依据	在国别依据上，国内互联互通主要遵循国内法定依据，而国际互联互通则除了遵循有关涉事国家法定依据，还要遵循一定的相关国际惯例和通行规定等
实施类型	两者在纵向划分上都包括人文交流互联互通、基础设施互联互通、贸易投资互联互通、货币金融互联互通、规则政策互联互通和危机管控互联互通等各种实施类型	在横向划分上，国内互联互通主要包括区域内部、区域之间和城乡之间等各种互联互通，而本报告所指的国际互联互通则主要是指中国和周边国家之间，如果放眼全球，还包括中国和亚洲国家之间、中国和其他大洲之间等各种互联互通，如"一带一路"等

续表

类型 内容	国内互联互通与国际互联互通之间的联系和区别	
	联系	区别
实施途径	两者都包括人文交流互联互通、基础设施互联互通、贸易投资互联互通、货币金融互联互通、规则政策互联互通、危机管控互联互通等实施途径	在途径实施上，国内互联互通较易，而国际互联互通则较难，原因在于国家（或地区）之外还存在许多不可控制的政治、宗教、民族和安全等各种因素
实施模式	两者都包括资源、技术、人才和市场等相对优势交换之间的各种实施模式	在模式种类上，国内互联互通相对较少，而国际互联互通则相对较多，包括货币、地理位置、战略通道和政治价值等相对优势交换之间的各种实施模式
影响因素	两者都包括政治因素、经济因素、社会因素和安全因素等各种影响因素	在影响程度上，国内互联互通主要是受经济因素影响，而国际互联互通则主要是受政治因素等影响
实施主体	两者都包括个人、企业和政府基本实施主体，以及非政府组织等各种派生实施主体	在主体归属上，国内互联互通主要归属于单个国家（或地区），而国际互联互通则主要分属于两个甚至多个涉事国家（或地区）
动力机制	两者都包括利益合理分享机制、风险共同分担机制、积极协商处理机制和权利义务对等机制等各种动力机制	在机制侧重点上，国内互联互通主要偏重利益合理分享机制，而国际互联互通则主要偏重风险共同分担机制特别是政治风险共同分担机制等

续表

内容＼类型	国内互联互通与国际互联互通之间的联系和区别	
	联系	区别
实施风险	两者都包括政治风险、经济风险、社会风险和安全风险等各种实施风险	在风险侧重上，国内互联互通主要偏重经济风险和社会风险，而国际互联互通则主要偏重政治风险、安全风险等
实施态度	两者都包括政治态度、经济态度、文化态度和安全态度等各种实施态度	在态度倾向上，国内互联互通主要是积极支持，而国际互联互通则主要是等待观望、酌情而动、因利而变
实施策略	两者都要随实施主体的变化而变化，都要考虑风险收益等因素，都要服务既定发展目标，都要符合客观实际需要等	在策略选择和决定方式上，国内互联互通是政治→经济→安全→社会，独立决定，而国际互联互通则是政治→安全→经济→社会，协调决定
实施起点	两者都是从人文交流和贸易投资起步，目前也都是要从基础设施互联互通入手，加快推进其他各种互联互通	在目前起点上，国内互联互通主要是从基础设施和规则政策入手，而国际互联互通则主要是从贸易投资和基础设施等入手

三 国内互联互通的基本构成、时代背景和发展目标

（一）基本构成

一般来说，国内互联互通主要包括实施目标、实施依据、实施类型、实施途径、实施模式、影响因素、实施主体、实施动力、实施风险、实施态度、实施策略和实施起点等各种要素。考虑到各种国内互联互通的实施目标都基本相同，实施依据都是国内法定依据，实施模式大都差不多，实施态度也都比较积极，为便于后文研究，现仅对它们的其他构成要素进行初步分析。其中，实施类型可以纵向划分，也可以横向划分，前者主要包括政策沟通、设施联通、贸易畅通、资金融通和民心相通等各种类型，后者主要包括区域内部互联互通、区域之间互联互通和城乡之间互联互通。实施途径按照其发展过程主要包括人文交流、基础设施、贸易投资、货币金融、规则政策和危机管控等各种互联互通。影响因素主要包括经济因素、社会因素和安全因素等各种因素，特殊地区之间还包括政治因素、宗教因素和民族因素等。实施

主体主要包括个人、企业和政府等基本主体以及非政府组织如各种基金会等派生主体。实施动力主要包括利益驱动、风险规避、责任分担和积极协商等。实施风险主要包括经济风险、社会风险、安全风险和一定的政治风险等。实施策略主要是指实施的具体思路，一般都是先经济，后安全，再社会，并且伴随实施主体不同而有所不同，对政府而言，首先要考虑其政治价值。实施起点是指实施的出发点，考虑到中国国内互联互通的发展现状，目前主要是指基础设施互联互通和规则政策有效对接，毕竟其他互联互通都非常需要这两者的积极配合。

（二）时代背景

国内互联互通的目标确定需要依托一定的时代背景，不仅需要依托一定的国际背景，而且也需要依托一定的国内背景，同时还需要依托一定的自身发展背景，确实是多种背景的综合结果，否则将可能不太符合实际，难以跟上时代的步伐，最终影响到自身健康发展，过去如此，现在如此，将来也如此。

从国际层面来看，随着和平、发展、合作、共赢逐渐成为世界发展的时代潮流，经济全球化特别是区域一体化不断蓬勃发展，并呈现出良好的发展势头，以中国崛起进而亚太崛起和南南合作为主要特征的国际政治经济新变化开始日益凸显。为了维护旧的国际政治经济秩序，及时抢占亚太地区经济发展主导权，以美国为首的西方发达国家先后联合区域内的日本、韩国、澳大利亚、菲律宾等各种同盟国以及与中国存在不同程度领土领海争端和地缘竞争关系的印度等国对中国不断采取围堵挤压和拉拢分化等外交战略，并相继推出了军事上的"亚太再平衡战略"和经济上的"跨太平洋伙伴关系协议"（简称"TPP"），而且后者还在 2015 年 10 月 5 日达成了基本协议。但以中国和东盟等国联合推动建立的"区域全面经济伙伴关系协议"（简称"RECP"）以及"亚太自由贸易协定"（简称"FTAAP"）至今都还没有达成基本协议。

从国内层面来看，随着改革开放的不断推进和经济体制改革特别是社会主义市场经济体制的建立健全以及世界贸易组织（WTO）的及时加入等，在以粗放型经济发展方式和出口导向型经济增长方式为主要特征的传统经济发展模式积极推动下，经过三十多年的艰苦努力，中国经济总体保持了高速发展势头，并于 2010 年第二季度成为世界第二大经济体，经济实力、综合国力和国际竞争力也都相继迈上了一个大台阶，现在正全面迈向小康社会。但是，环境资源的承载压力越来越大，产能过剩情况越来越严重，国际贸易摩擦越来越频繁，收入分配差距越来越严峻，等等。这些都迫使我们不得不抓紧调整发展思路，适当降低发展速度，加快推进发展模式创新，逐步确立"新常态下"的新型经济发展道路，不仅要有利于国内产业结构调整，而且也要有利于生存发展环境的不断改善，同时还要有利于小康社会全面如期有效实现等。

从自身层面来看，随着电信通信技术的不断发展和互联互通的逐步形成，互联互通及其现象也必然逐渐外溢到经济政治和外交等各种领域，受到1951年4月18日《欧洲煤钢联营条约》签署的积极影响，经过苏东地区计划方式的实际探索和经济全球化的不断推动，互联互通及其现象开始从欧盟外溢到欧洲再外溢到APEC和东盟等世界其他国家和地区，也开始从战术层面逐步上升到战略层面。2010年10月28日，第17届东南亚国家（东盟）首脑会议上正式通过了《东盟互联互通总体规划》等文件就说明了这点。中国通过1995年启动实施电信互联互通和

2009 年 10 月与东盟多次贸易谈判，也逐步接受了互联互通特别是基础设施互联互通概念，不仅随后党和国家领导人在不同的国内国际场合有意识地使用互联互通概念，2011 年 11 月 18 日，温家宝总理出席第十四次中国与东盟领导人会议时还倡议成立了互联互通合作委员会。后来，随着党的十八大胜利召开、2013 年 10 月 24 日周边外交工作座谈会的首次举办以及《中共中央关于全面深化改革若干重大问题的决定》的颁布实施等，互联互通开始迅速上升为国家发展战略，并成为新时期开放型对外发展战略——"一带一路"重大战略构想的核心范畴。2014 年 11 月 8 日，习近平总书记主持召开的加强互联互通东道主伙伴关系对话会上公开发表了《联通引领发展　伙伴聚焦合作》的主题讲话，全面阐述了互联互通的重要意义、基本组成、主要形式、存在问题、紧迫任务、根本目的和与"一带一路"之间的关系，同时倡导提出了五点实施建议。至此，标志着中国式互联互通包括中国国内互联互通发展战略的正式诞生。

（三）发展目标

根据国内互联互通的基本属性和时代背景，其发展目标应该包括三个方面：一是互联互通的一般目标，二是互联互通的国内目标，三是互联互通的国际目标。其中，国际目标主要是由国内目标派生而出。在一般目标方面，主要包括内部资源的合理配置、既定群体的基本物质诉求实现、一般社会福利的逐步提高和生存发展环境的不断改善等。在国内目标方面，主要包括经济社会的全面协调可持续发展、产业结构的及时合理调整、地区发展差距的逐步相对缩小、收入分配差距的不断有效改善和必要经济增长的适当维持等。在国际目标方面，主要包括积极配合国际目标的有效实现、及时应对国际问题的国内影响、努力推动国内过剩产能"走出去"、不断推进国内国际两种资源两种市场两种通道的良性战略互动等。就中国而言，其发展目标主要还包括国内生态环境的不断改善、小康社会的如期实现、新型经济发展方式及其发展模式的逐步确立、"亲、诚、惠、容"周边发展战略的配合落实、中国和周边国家之间产业一体化的积极推进、中国边疆地区安全的努力确保和各种国际经济危机影响的继续应对等。

四　国内互联互通的影响因素、基本类型和主要特点

（一）影响因素

国内互联互通的客观存在和有效实施必然会受到一定的环境影响，也必然会有不同因素起作用，可以是主要因素，也可以是次要因素，可以是内部因素，也可以是外部因素，可以是体制机制因素，也可以是政策规则因素等，并且伴随它们各自及其之间的各种变化而作出相应调整。根据其发展历程和国内外客观实践变化等情况，国内互联互通所受到的影响因素主要包括：

1. **经济管理体制**。国内互联互通的有效实施可以按照自然演进方式进行，也可以按照人为设计方式进行，还可以按照两者兼顾方式进行，前者主要体现为市场方式，中者主要体现为计划方式，后者主要体现为市场、计划并存方式。当政府主体已经出现并探索构建各种经济管理体制时，这些方式也就逐渐被纳入相应经济管理体制：市场经济管理体制主要运行市场方式，计划经济

管理体制主要运行计划方式，混合经济管理体制主要运行市场、计划并存方式，结果就会对国内互联互通进而国际互联互通产生不同程度的影响，可以影响其实施主体的思想观念，也可以影响其动力机制的产生发展，还可以影响其实施途径的建立健全等，而且由于地区不同、产业不同、群体不同等因素，其受到的影响也有所不同。另外，市场经济管理体制主要包括经济手段、法律手段和必要的行政手段，计划经济管理体制主要包括行政手段，虽然前者也包括一定的行政手段，但是和后者大不相同，主要表现在实施范围、实施方式、实施频率和实施程度等各种方面。

2. **区域划分标准**。国内互联互通的有效存在离不开一定的空间区域作依托，没有一定的空间区域作依托的互联互通是不存在的。这种区域可以按照行政区标准划分，也可以按照经济区标准划分，还可以按照两者兼顾标准划分，并伴随其经济管理体制不同而有所不同：在市场经济管理体制下，主要是按照经济区标准划分；在计划经济管理体制下，主要是按照行政区标准划分；在混合经济管理体制下，主要是按照两者兼顾标准划分，新中国成立以来中国区域划分标准及其实践的历史演变

就是其最好的证明。在传统计划经济时期，中国主要是
按照行政区标准划分，而在改革开放之后，则逐渐是按
照经济区标准划分。虽然至今还存在大量行政区，不管
是在省、市、县、镇等各种行政层面，还是在它们之间，
但是其行政功能是越来越被弱化，其实际作用也是越来
越相对有限，即使有，也主要是局限于行政管理等各种
功能。从某种程度来说，现在的区域是两者之间的混合
物，只是彼此所占比例有所不同，县区、市区、省区都
是如此，当然跨省区也如此。

　　3. **城乡管理方式**。任何区域实质都是城乡之间的结
合物，只是两者所占的比例有所不同，考虑到彼此之间还
存在一定的较大差异，这就需要采取不同的管理方式，可
以采取二元式管理，也可以采取一元式管理，还可以采取
两者兼顾式管理，并且伴随其经济管理体制和两者之间发
展差异等各种变化而作出相应调整。一般来说，在计划经
济管理体制时期，主要采取二元式管理；在市场经济管理
体制时期，主要采取一元式管理，即城乡一体化管理；在
混合经济管理体制时期，主要采取两者兼顾式管理，如改
革开放之后中国经济体制转轨时期等。即使有些地区主要
处于市场经济管理体制时期，也会因自身所处的市场化程

度不同而呈现两者兼顾式管理特点，或者是二元式管理多点，或者是一元式管理多点，或者是两者差不多，主要处于计划经济管理体制时期也是这样，因此就需要对中国城乡管理体制发展现状进行全面、认真的梳理，进而有效把握国内互联互通甚至国际互联互通的发展现状。

4. 独立经济主体。既然是互联互通，那么实施主体必须具有相对的独立性，能够独立决定是否互联互通、什么时候互联互通和怎么互联互通等内容，否则就不能互联，更谈不上互通。即使这种独立性比较有限，也必须达到一定的水平，至少能够满足各自的基本生存需要和可以承受的最低水平，并且独立性越强，对互联互通的影响就越大，反之亦然。独立包括必要的政治独立，也包括必要的经济独立，还包括必要的文化独立等，可以体现在实力对比上，也可以体现在法律法规上，还可以体现在自然规定上。通常来说，在任何经济系统中，个人的独立性都相对最小，企业的独立性都相对较大，政府独立性相对最大。并且经济管理体制不同，其独立程度也有所不同：在市场经济管理体制下，个人、企业独立性相对较大，而政府的独立性则相对较小；在计划经济管理体制下，则恰恰相反；在混合经济管理体制下，孰大孰小很难判断，一般是介于两者之间。就中国而言，虽然不同地区的市场发育程度有所不同，但是各级政府主导本地经济社会发展的基本格局没有发生改变，因此与其他国家（或地区）相比，政府独立性相对更大，而个人、企业独立性则相对更小。

其中，经济管理体制是国内互联互通的空间运行机制，区域划分标准是国内互联互通的空间划分依据，城乡管理方式是国内互联互通的空间管理特征，独立经济主体是国内互联互通的空间实施主体。虽然各自作用有所不同，各自地位有所不一，各自影响有所差异，但是都不可或缺，都同时并存，都相对独立，并且彼此之间互相依托、互相促进、互相协调、互相配合，共同推动一定发展阶段下国内互联互通进而推动国际互联互通的平稳健康可持续发展。

（二）基本类型

根据上述分析，并考虑中国经济管理体制的不断探索，区域划分标准的历史演变，城乡管理方式的时代变化，独立经济主体的逐步蜕变等实际情况，在经济发展阶段一定和其他因素如人民代表大会制等制度基本不变的情况下，**总的来说，新中国成立以来中国国内互联互通先后呈现出两种主要类型，即，传统计划经济下政府主导式议会制型①互联互通和社会主义市场经济下政府主导式议会制型互联互通。**

如果按照横向划分，则可以初步划分为三种基本类型和十六种具体类型：1. **在区域内部互联互通方面**，主要包括四种类型，即计划经济下行政区内部互联互通、计划经济下经济区内部互联互通、市场经济下行政区内部互联互通和市场经济下经济区内部互联互通；2. **在区域之间互联互通方面**，主要包括四种类型，即计划经济下行政区之间互联互通、计划经济下经济区之间互联互通、市场经济下行政区之间互联互通和市场经济下经济区之间互联互通；3. **在城乡之间互联互通方面**，主要包括八种类型，即计划经济下行政区内部二元式城乡之间互联互通、计划经济下行政区内部一元式城乡之间互联互通、计划经济下经济区内部二元式城乡之间互联互通、计划经济下经济区内部一元式城乡之间互联互通、市场经济下行政区内部二元式城乡之间互联互通、市场经济

———————

① 人民代表大会制实质上也是代议民主制。为了和世界其他国家特别是周边国家有所比较，特以"议会制"名称简单代替，特此说明，后同。

下行政区内部一元式城乡之间互联互通、市场经济下经济区内部二元式城乡之间互联互通和市场经济下经济区内部一元式城乡之间互联互通。其中，计划经济下行政区内部二元式城乡之间互联互通指的是，互联互通在计划经济管理体制下，所依托的区域是行政区，城乡之间主要采取二元式管理体制。计划经济下行政区内部一元式城乡之间互联互通指的是，互联互通在计划经济管理体制下，所依托的区域是行政区，城乡之间主要采取一元式管理体制。计划经济下经济区内部二元式城乡之间互联互通指的是，互联互通在计划经济管理体制下，所依托的区域是经济区，城乡之间主要采取二元式管理体制。计划经济下经济区内部一元式城乡之间互联互通指的是，互联互通在计划经济管理体制下，所依托的区域是经济区，城乡之间主要采取一元式管理体制。市场经济下行政区内部二元式城乡之间互联互通指的是，互联互通在市场经济管理体制下，所依托的区域是行政区，城乡之间主要采取二元式管理体制。市场经济下行政区内部一元式城乡之间互联互通指的是，互联互通在市场经济管理体制下，所依托的区域是行政区，城乡之间主要采取一元式管理体制。市场经济下经济区内部二元式城乡之间互联互通指的是，互联互通在市场经济管理体制下，所依托的区域是经济区，城乡之间主要采取二元式管理体制。市场经济下经济区内部一元式城乡之间互联互通指的是，互联互通在市场经济管理体制下，所依托的区域是经济区，城乡之间主要采取一元式管理体制。至于其他类型，基本都是这些类型的有关变种和某种组合。由于中国各地区的经济发展阶段有所不同、市场发育程度有所差异、城乡之间占比不一等因素，所以其自身及其彼此之间互联互通不太一样。如果以目前中国省级行政区划作为区域划分的主要标准，以各省级区域的2009年市场化指数①确定其经济管理体制，以各省级区域的2012年城乡发展一体化指数②决定其城乡管理方式，那么即可得到中国国内互联互通以及国际互联互通的横向基本类型及其主要分布（详见表2）。③

---

① 樊纲、王小鲁、朱恒鹏：《中国市场化指数——各地区市场化相对进程2011年报告》，经济科学出版社2011年版，第265页。因目前没有最新成果发布，所以仅以此书有关指标进行判断。

② 朱钢、张军、王小映、张海鹏、陈方：《中国城乡发展一体化指数：2006～2012年各地区排序与进展》，社会科学文献出版社2014年版，第35—36页。

③ 这里的区域之间互联互通主要参考新华网中国区域经济发展格局的有关内容。

表 2 中国国内互联互通的横向基本类型及其主要分布

序号 \ 种类 \ 区域	区域内部互联互通	城乡之间互联互通	区域之间互联互通
1 北京市	市场经济下行政区内部互联互通	市场经济下行政区内部一元式城乡之间互联互通	市场经济下京津冀行政区之间互联互通
2 天津市	市场经济下行政区内部互联互通	市场经济下行政区内部一元式城乡之间互联互通	
3 河北省	市场经济下行政区内部互联互通	市场经济下行政区内部一元式城乡之间互联互通	
4 山西省	市场经济下行政区内部互联互通	市场经济下行政区内部一元式城乡之间互联互通	市场经济下晋陕豫（黄河金三角）行政区之间互联互通
5 陕西省	市场经济下行政区内部互联互通	市场经济下行政区内部一元式城乡之间互联互通	
6 河南省	市场经济下行政区内部互联互通	市场经济下行政区内部一元式城乡之间互联互通	

续表

序号	种类/区域	区域内部互联互通	城乡之间互联互通	区域之间互联互通
7	内蒙古自治区	市场经济下行政区内部互联互通	市场经济下行政区内部一元式城乡之间互联互通	市场经济下东北四省行政区之间互联互通
8	辽宁省	市场经济下行政区内部互联互通	市场经济下行政区内部一元式城乡之间互联互通	
9	吉林省	市场经济下行政区内部互联互通	市场经济下行政区内部一元式城乡之间互联互通	
10	黑龙江省	市场经济下行政区内部互联互通	市场经济下行政区内部一元式城乡之间互联互通	
11	上海市	市场经济下行政区内部互联互通	市场经济下行政区内部一元式城乡之间互联互通	市场经济下江浙沪（长三角）行政区之间互联互通
12	江苏省	市场经济下行政区内部互联互通	市场经济下行政区内部一元式城乡之间互联互通	
13	浙江省	市场经济下行政区内部互联互通	市场经济下行政区内部一元式城乡之间互联互通	

续表

序号 \ 种类 \ 区域	区域内部互联互通	城乡之间互联互通	区域之间互联互通
14	安徽省	市场经济下行政区内部互联互通	市场经济下行政区内部一元式城乡之间互联互通	
15	福建省	市场经济下行政区内部互联互通	市场经济下行政区内部一元式城乡之间互联互通	市场经济下闽台行政区之间互联互通
16	山东省	市场经济下行政区内部互联互通	市场经济下行政区内部一元式城乡之间互联互通	
17	湖北省	市场经济下行政区内部互联互通	市场经济下行政区内部一元式城乡之间互联互通	市场经济下湘鄂赣行政区之间互联互通
18	湖南省	市场经济下行政区内部互联互通	市场经济下行政区内部一元式城乡之间互联互通	
19	江西省	市场经济下行政区内部互联互通	市场经济下行政区内部一元式城乡之间互联互通	

续表

序号 / 种类 / 区域	区域	区域内部互联互通	城乡之间互联互通	区域之间互联互通
20	广东省	市场经济下行政区内部互联互通	市场经济下行政区内部一元式城乡之间互联互通	市场经济下粤港澳（珠三角）行政区之间互联互通
21	广西壮族自治区	市场经济下行政区内部互联互通	市场经济下行政区内部一元式城乡之间互联互通	
22	海南省	市场经济下行政区内部互联互通	市场经济下行政区内部一元式城乡之间互联互通	
23	重庆市	市场经济下行政区内部互联互通	市场经济下行政区内部一元式城乡之间互联互通	市场经济下川渝行政区之间互联互通
24	四川省	市场经济下行政区内部互联互通	市场经济下行政区内部二元式城乡之间互联互通	
25	贵州省	市场经济下行政区内部互联互通	市场经济下行政区内部二元式城乡之间互联互通	
26	云南省	市场经济下行政区内部互联互通	市场经济下行政区内部二元式城乡之间互联互通	

续表

序号 / 区域 / 种类	区域	区域内部互联互通	城乡之间互联互通	区域之间互联互通
27	西藏自治区	计划经济下行政区内部互联互通	计划经济下行政区内部二元式城乡之间互联互通	
28	甘肃省	计划经济下行政区内部互联互通	计划经济下行政区内部二元式城乡之间互联互通	
29	青海省	计划经济下行政区内部互联互通	计划经济下行政区内部二元式城乡之间互联互通	
30	宁夏回族自治区	市场经济下行政区内部互联互通	市场经济下行政区内部二元式城乡之间互联互通	
31	新疆维吾尔自治区	市场经济下行政区内部互联互通	市场经济下行政区内部一元式城乡之间互联互通	

注：根据中国国家统计局的统计范围规定，并考虑到香港、澳门和台湾等地区的特殊情况，故暂没将后者纳入。

如果按照纵向划分，则可以初步划分为六种基本类型：规则政策互联互通、基础设施互联互通、贸易投资互联互通、货币金融互联互通、人文交流互联互通和危机管控互联互通，也就是 2014 年 11 月 8 日习近平总书记所说的"政策沟通、设施联通、贸易畅通、资金融通和民心相通"，考虑到其中每个"通"都会包含不同程度的危机问题，所以还必须包含危机管控互联互通。

但不管是横向划分，还是纵向划分，都只能揭示国内互联互通的某一方面，前者主要揭示其空间波及范围，体现的是其发展演变历程，后者主要揭示其政策、设施、贸易、资金、民心和危机等各种方面，体现的是其相应特点和实施难易，只有同时考虑，适当兼顾，有效配合，才可能揭示其全貌。另外，要继续推进国内互联互通进而推动国际互联互通的有效实施，也必须尽量把握其各种类型，毕竟任何类型都离不开横向划分和纵向划分这两个方面，并且与不同的国家、地区、发展阶段及市场发育程度相关。为了便于后文研究，现仅从其主要划分标准、划分实际价值、实施难易程度、发展时间先后和实施起点选择等方面进行认真比较，并结合表 1 有关内容研究制定表 3。

表 3　　　　　　　　　　　　　**国内互联互通的基本类型划分及比较**

内容　　划分	横向划分	纵向划分
主要划分标准	主要按照互联互通的实施波及范围划分	主要按照互联互通的实施具体方面划分
划分实际价值	可以将国内互联互通划分为三种实施范围	可以将国内互联互通划分为六大实施方面
实施难易程度	相对来说，区域内部互联互通最易实行，区域之间互联互通最难实行	相对来说，人文交流互联互通最易实行，危机管控互联互通最难实行
发展时间先后	通常是：区域内部互联互通→城乡之间互联互通→区域之间互联互通	通常是：人文交流互联互通→基础设施互联互通→贸易投资互联互通→基础设施互联互通→货币金融互联互通→规则政策互联互通→危机管控互联互通
实施起点选择	从国家层面来说，目前可以以区域之间互联互通作为其实施起点	从国家层面来说，目前可以以基础设施互联互通作为其实施起点

（三）主要特点

既然国内互联互通是互联互通的国内化，那么其存在和发展必然要体现互联互通的一般特点，也必然要体现当时国内环境的基本特点，并且因国家的不同、地区的不同、经济发展阶段的不同和经济管理体制的不同等而有所不同。就互联互通而言，其一般特点主要包括平等性、互利性、合法性、多样性、渐进性和系统性等。就国内环境而言，其基本特点主要包括时代性、阶段性、地区性、不平衡性和有限性等。但是，由于中国还处在社会主义初级阶段，并且一直实行党政合一的政治体制，而且社会主义市场经济体制已经基本建立，所以中国国内互联互通也必然存在自己的一些基本特点，如中国共产党领导下的各级政府在各种独立经济主体中占据极端重要的主导性决策地位等。考虑到目前中国国内互联互通总体上是社会主义市场经济下政府主导式互联互通，联系其发展实际，并结合表 3，即可得到目前中国国内互联互通进而得到国际互联互通的主要特点（详见表 4）。

表4　　　　　　　　目前中国国内互联互通的主要特点

特点＼内容		
总体特点		社会主义市场经济下政府主导式互联互通
互联互通的一般特点	平等性	互联互通的有关实施主体都是相对平等的
	互利性	互联互通实施对于有关实施主体来说都是相对有利的
	合法性	互联互通的有关实施主体之间所达成的各种约定都是符合一定法律和通行规定的
	多样性	互联互通存在很多种类型，包括横向划分的基本类型和纵向划分的基本类型
	渐进性	互联互通的各种类型之间是按照渐进式原则逐步发展的
	系统性	互联互通的各种类型之间存在一定的内在逻辑关系，共同体现其各种功能和特点等
国内环境的基本特点	时代性	互联互通的特殊类型能够反映出一定的时代背景，如改革开放后出现的资金融通等
	阶段性	互联互通的存在和发展离不开中国至今仍然处在中国特色社会主义初级阶段这一特点
	地区性	不同地区的互联互通的类型分布有所不同，如上海市不同于贵州省、江西省等
	不平衡性	不同地区互联互通的发展程度有所不同，如上海市货币金融互联互通就比较发达等
	有限性	各种互联互通的作用都相对有限，只有互相搭配，密切配合，才能共同发挥应有作用

五 国内互联互通的实施风险、
实施动力和实施途径

（一）实施风险

不管是国内互联互通的有效存在，还是国内互联互通的健康发展，其逐步实施都会面临很多风险，可能是政治风险，也可能是经济风险，还可能是社会风险和安全风险等，并且彼此之间互相关联，互相影响，互相传染，共同产生不同程度的负面影响。但是，与国际互联互通不同的是，其政治风险相对较小，即使有，也大多是有关党政领导班子突然调整、方针政策突然改变和法律法规突然废止等，而且其经济风险、社会风险和安全风险等各种风险也都基本发生在国内。不过，由于不同地区所受到的国内外重大事件影响、与外部国家或地区的联系程度和自身应变能力状况等有所不同，它们所面临的实施风险也不一样。根据中国各省区 2015 年政府工作报告中有关风险状况的基本判断，即可初步确定中国国内互联互通的当年实施风险（详见表 5）。

表 5　　　　　　　　2015 年中国国内互联互通的实施风险分布状况

序号	省市 \ 类别	政治风险	经济风险	社会风险	安全风险
1	北京市	机关作风不实等不同程度存在，违反党纪政纪和腐败时有发生	转方式、调结构、稳增长任务仍然十分艰巨	遏制违法建设、非法经营等措施仍需加大力度	安全生产、食品安全等方面还存在隐患
2	天津市	政府职能转变还不到位，机关不良作风和有些腐败不同程度存在	产业结构不尽合理，深化改革任务繁重	社会治理更加迫切	
3	河北省	一些机关不良作风仍然存在，部分领域和地方腐败还比较严重	财政收支矛盾突出，经济下行压力较大，化解过剩产能难度增大		
4	山西省	依法行政理念尚未完全确立，政府职能转变还需加强，党风廉政建设和反腐败斗争任务十分艰巨	经济下行压力持续加大，中长期积累的矛盾仍然突出，传统产业产能过剩问题突出		安全生产压力依然较大

续表

序号	省市\类别	政治风险	经济风险	社会风险	安全风险
5	陕西省	法治政府建设和反腐败斗争仍是长期任务	结构调整任务艰巨	社会治理有待加强	
6	河南省	政府职能转变、简政放权还不到位，机关工作人员"四风"问题和一些领域腐败现象易发、多发	经济下行压力依然较大，财政收支矛盾加大，一些领域体制机制障碍仍然较多	征地拆迁、环境污染、涉法涉诉等方面还存在群众反映强烈的问题	安全生产、食品药品安全等领域还存在薄弱环节
7	内蒙古自治区	政府职能转变和简政放权还不到位，"四风"问题仍然不同程度存在，反腐倡廉力度还需继续加大	经济下行压力仍然较大，服务业发展相对滞后	影响社会稳定的矛盾纠纷易发多发，社会治理面临许多新情况新问题	安全生产、社会治安、食品药品安全等方面还存在一些问题

续表

序号	类别省市	政治风险	经济风险	社会风险	安全风险
8	辽宁省	转职能、改作风、抓落实等工作还有差距，依法行政、简政放权还不到位，"四风"问题和一些腐败现象还不同程度存在	经济下行压力仍然较大，服务业发展仍然滞后	一些涉及群众利益的问题还没有切实得到解决	食品安全、社会治安等工作还有许多缺陷
9	吉林省	政府机关及其人员为政不廉、执法不公、办事不力、推诿不为等问题时有发生	老工业基地深层次体制机制和结构性矛盾凸显，财政收支矛盾突出等	社会不稳定因素依然较多	安全发展形势依然严峻
10	黑龙江省	政府依法行政水平和整体发展环境还有相当差距	机构性、体制性和市场化程度等深层次矛盾仍比较突出		

续表

序号	省市 类别	政治风险	经济风险	社会风险	安全风险
11	上海市	基层治理亟待加强，执法体制机制不顺，服务管理力量不足	城乡发展不平衡、不协调的矛盾依然突出	失业青年、离土农民等群体的就业矛盾比较突出	城市安全形势严峻，安全事故时有发生
12	江苏省	政府职能转变还不到位，依法行政有待增强，转变作风还需进一步完善，反腐倡廉任务依然艰巨	结构性问题和一些深层次矛盾日益显现，部分行业产能过剩与市场需求不足矛盾并存	社会治理面临许多新情况新问题	安全生产措施需要进一步强化
13	浙江省	职能转变有待进一步深化，"四风"问题和一些领域消极腐败现象依然时有发生	结构性问题比较突出	社会和谐稳定依然面临不少困难和压力	

续表

序号	省市 \ 类别	政治风险	经济风险	社会风险	安全风险
14	安徽省	政府作为还不到位,"四风"问题仍不同程度存在,一些领域腐败问题易发、多发	经济下行压力较大,结构不优的矛盾进一步凸显,财政收入增长放缓		安全生产、食品药品安全等方面还存在不少群众反映强烈的突出问题
15	福建省	政府职能转变还不到位,机关工作人员"四风"问题还不时存在	部分企业生产经营困难,融资难、融资贵、用工短缺等问题突出	社会治安等领域还存在不少隐患	食品药品安全、安全生产等领域还存在不少隐患
16	山东省	政府工作人员法治意识比较薄弱,作风建设成果还很不牢固,反腐败斗争形势依然严峻复杂	经济下行压力较大,低水平重化工业比重过高,个别地方政府债务包袱沉重	出生人口性别比严重失衡,部分居民生活非常困难	安全生产事故时有发生,道路和车辆事故突出,伤亡人员多

续表

序号	省市 \ 类别	政治风险	经济风险	社会风险	安全风险
17	湖北省	一些地方和部门腐败问题仍然严重，机关工作人员"四风"问题还不时存在	经济下行压力依然很大，制约经济社会发展的体制性、结构性矛盾仍然突出		食品药品安全等与群众的期盼存在较大距离
18	湖南省	政府部门作风建设成效有待进一步转化	经济转型仍然较慢，经济运行仍然存在风险		安全生产形势仍然严峻
19	江西省	工作落实机制还不完善，政府依法行政水平和工作效能还有待进一步提高	经济增长基础仍不牢固，实体经济面临较多困难，财政收入增长放缓		
20	广东省	转变职能、加强政风、优化环境、保障和改善民生任务依然繁重	深层次问题和矛盾更加凸显，经济下行压力仍然较大	社会矛盾问题仍然突出	安全生产、食品安全等问题仍然突出

续表

序号	省市 \ 类别	政治风险	经济风险	社会风险	安全风险
21	广西壮族自治区	政府职能转变亟待加大力度，各项改革措施有待进一步落实	经济下行压力不断加大，市场需求持续低迷，区域发展不平衡问题凸显		
22	海南省	干部作风和政府工作效能需要进一步改进，为政不廉仍然存在	受到经济下行影响，经济抗风险能力不强，增长压力依然较大	社会治理有待加强	食品安全等方面还存在不少薄弱环节
23	重庆市	职能转变和政风建设有待巩固完善，法治政府建设任务紧迫而繁重，反腐倡廉仍须常抓不懈	经济下行压力依然较大，实体经济面临不少困难，财政收支的矛盾较为突出	社会治安还有大量工作要做	食品药品安全、安全生产等领域还有大量工作要做

续表

序号	省市 \ 类别	政治风险	经济风险	社会风险	安全风险
24	四川省	政府系统不同程度存在腐败问题和"慵懒散浮拖"等不良现象，依法行政和反腐倡廉建设任重道远	经济下行压力较大，结构调整任务艰巨，经济领域改革不少事项还未落实	城乡群众在生产生活中不少突出问题有待解决	
25	贵州省	职能转变尚未到位，机关工作人员"四风"问题还不同程度存在，提高政府效能任务依然艰巨	贫穷落后的主要矛盾没有改变，经济下行压力加大，加快转变发展方式任务依然艰巨	社会矛盾日益复杂，化解风险、维护稳定任务依然艰巨	安全生产事故时有发生
26	云南省	依法行政亟须增强，行政效率不高，机关"四风"问题仍然存在，一些领域腐败问题突出	转型升级步伐急需加快，中小企业融资难、融资贵问题突出	维护社会稳定任务繁重，农村贫困面大、贫困程度深	

续表

序号	类别 省市	政治风险	经济风险	社会风险	安全风险
27	西藏自治区	个别地方和部门懒政、懈怠、不作为，落实力度不够	经济发展不平衡，基础设施瓶颈制约比较突出	维护社会稳定任务十分繁重	反分裂斗争形势依然尖锐复杂，维护国家安全任务十分繁重
28	甘肃省	转变职能、依法行政、提升服务等方面还有大量工作要做	经济下行压力持续加大，经济增长动力转换困难增多，发展瓶颈仍然突出		
29	青海省	行政不作为、慢作为等现象时有发生，新常态下善作为的能力亟待增强	稳增长的支撑亟待强化，调结构的力度亟待加大，财政收支矛盾加剧		

续表

序号	类别 / 省市	政治风险	经济风险	社会风险	安全风险
30	宁夏回族自治区	职能转变还不到位，深化改革、简政放权的力度还不大，机关"四风"问题还不同程度存在	经济下行压力继续加大，结构调整和转型升级任务十分艰巨		
31	新疆维吾尔自治区	职能转变需要切实加强，违反中央八项规定和区党委十条规定的现象及"四风"问题仍不同程度存在，腐败现象尚未彻底遏制	经济结构仍不合理，实体经济经营难度普遍增加，财政收支矛盾突出	社会稳定基础还不稳固，社会管理、社会治安等问题依然较多，就业压力、民生改善难度增大	食品药品安全问题依然较多

（二）实施动力

既然国内互联互通必然会遇到一定的实施风险，那么要有效实施就必须具有必要的实施动力，不仅要能克服所面临的各种风险，而且还要获取必要的各种利益，否则有关实施主体将难以积极参与，即使参与了，也难以持续跟进。即使实施主体重视自身的社会责任，也必须要获取应有的基本利益，毕竟任何经济主体的自然属性和社会属性都是相伴而生的，个人、企业、政府以及非政府组织等实施主体也不例外。实施动力可以是来自它们的基本属性，也可以是来自它们的外在规定，还可以是两者兼顾，具体来说主要包括自身利益的基本追求、未来发展的基本定位、所面临的实施风险和所受到的制度约束等内容。当实施风险来自它们的基本属性时，其实施动力不外乎经济利益追求和社会责任承担，但对于不同的实施主体，其两者比例有所不同，一般来说，在经济利益追求方面，个人最大，企业次之，政府最小，而在社会责任承担方面则恰恰相反。至于政治利益、社会利益和安全利益等各种利益追求，皆是由其经济利益追求派生而出。当利益伴随着它们所面临的实施风险时，其实施动力主要是趋利避害。当利益与它们所受到的制度约束相矛盾时，其实施动力就是要严格遵守这些制度约束，不仅包括一些明文规定的法律法规、政策措施和指示规定等，而且也包括部分约定俗成的条文惯例等。

考虑到互联互通大多数都是在相对文明的情况下进行，因此积极协商显得相当必要，当然激烈冲突也不可避免。由于国内互联互通主要发生在双方甚至多方实施主体之间，所以其实施动力也主要发生在双方甚至多方实施主体之间，结果这就会逐步形成**利益合理分享、风险共同分担、积极协商处理和权利义务对等**等各种实施动力，当然也就会逐步形成相应的双边甚至多边制度安排，可以是自然演进形成，也可以是人为设计形成，还可以兼而有之，前者如长三角城市经济协调会，中者如京津冀协同发展领导小组及其办公室等。根据不同种类实施主体的参与情况，并结合其实施动力的基本类型，即可得到它们之间国内互联互通的实施动力分布状况（详见表6）。从中可以初步发现，多边国内互联互通比双边国内互联互通具有更稳定的实施动力，而且不同实施主体之间更愿共同分担风险，并积极协商处理各种矛盾和问题，即使其中强势政府想转嫁风险于其他实施主体，在多边互联互通情形下也更不容易实现，更何况最终还可能损害到自己，毕竟制衡力量相对更大。另外，在双边关系中，个人分担风险最多，承担义务也最多，而在多边关系中，企业分担风险则最多，承担义务也最多，原因在于其利益最大等。

表6　　不同种类实施主体①之间国内互联互通的实施动力分布状况

类型　＼　动力		利益合理分享	风险共同分担	积极协商处理	权利义务对等
双边国内互联互通	个人与个人之间，个人与企业之间，个人与政府之间，企业与企业之间，企业与政府之间，政府与政府之间等各种双边国内互联互通	√	√（双边中越强势一方，所分担风险越少，政治风险多由个人、企业分担。相对来说，个人分担风险最大，企业分担风险较大）	√（双边中越弱势一方，越愿意积极协商，反之则积极性降低。相对来说，个人更愿意积极协商，企业较愿意积极协商）	√（双边中越强势一方，越有可能逃避义务，而越弱势一方，越可能承担义务。相对来说，个人最愿承担义务，企业较愿承担义务）

———————

①　考虑到非政府组织实际上是个人、企业和政府等基本经济主体的派生物，所以此处暂不考虑。

动力 类型	利益合理分享	风险共同分担	积极协商处理	权利义务对等
多边国内互联互通 个人与个人、企业之间，个人与个人、政府之间，个人与企业、政府之间，个人与个人、企业和政府之间，企业与企业、政府之间，企业与企业、个人之间，企业与企业、政府和个人之间，政府与政府、个人之间，政府与政府、企业之间，政府与政府、个人和企业之间等多边互联互通	√	√（多边关系中风险分担更加公平，由于政治风险也涉及政府自身，所以它不会轻易制造，多由外部传入。相对来说，企业分担风险最多，毕竟多边关系中涉及企业最多，利益最大；个人分担风险较大）	√（多边关系中积极协商更加明显和频繁，由于其中涉及政府利益，且政治风险也会涉及政府自身，所以它也会积极协商。相对来说，企业更愿积极协商，毕竟涉及利益最大，个人次之）	√（多边关系中权力义务更加对等，如果强势方如政府等设法逃避义务，将会受到更多力量制约，而且最终也会影响到自身利益。相对来说，企业更愿遵守权力义务对等原则，毕竟涉及利益最大，个人次之）

注：不同实施主体之间国内互联互通中涉及的实施动力打"√"，否则打"×"。

（三）实施途径

国内互联互通的有效实施需要采取适宜的实施途径，不仅因为实施主体将面临很多的实施途径选择，而且因为各种实施途径选择之间也会存在不同程度的优劣对比和机会成本差异，并且伴随其不同影响因素变化而呈现不同的现实选择性。考虑到国内互联互通可以按照纵向划分分为**规则政策互联互通、基础设施互联互通、贸易投资互联互通、货币金融互联互通、人文交流互联互通和危机管控互联互通**，并且每一种类型都是其对应的具体方面，那么也可以将它们看成是其实施途径的不同方面，或者是不同的实施途径。由于不同实施途径的产生存在一定的先后逻辑次序，并且因其经济发展阶段不同、市场发育不同和政府作用不同等因素而有所不同，因此不同地区的实施途径的产生及其分布也就有所不同。一般来说，在经济发展阶段一定情况下，市场发育越高及其政府作用越强，其货币金融互联互通、规则政策互联互通和危机管控互联互通就会越早出现，否则人文交流互联互通和贸易投资互联互通就会始终独自存在。至于基础设施互联互通何时产生，不管它是内生，还是外生，甚至是两者兼有，都必须具有相当大的内在需求和相应的供给能力，而且当市场无法承担有效供给时，有关地区政府必须及时承担起应有的供给责任，目前京津冀地区所出现的各种断头路现象就是很好的说明。另外，不是每个地区都存在这些实施途径，即使都存在，也不是每个地区的实施途径的重点都相同，有的偏重货币金融互联互通，有的偏重规则政策互联互通，有的偏重基础设施互联互通，等等。这就要求及时确定其各种实施途径及其有关分布，并认真分析其经济社会发展状况。联系到中国，并根据2015年各省区政府工作报告中有关互联互通实施途径的先后次序编排，即可得到中国各省区国内互联互通重点实施途径的分布状况（详见表7）。

表7　　　2015年中国各省区国内互联互通重点实施途径的分布状况

序号	省区	当年重点实施途径	序号	省区	当年重点实施途径	序号	省区	当年重点实施途径
1	北京市	规则政策互联互通	12	江苏省	贸易投资互联互通	23	重庆市	人文交流互联互通
2	天津市	规则政策互联互通	13	浙江省	规则政策互联互通	24	四川省	基础设施互联互通

续表

序号	省区	当年重点实施途径	序号	省区	当年重点实施途径	序号	省区	当年重点实施途径
3	河北省	贸易投资互联互通	14	安徽省	规则政策互联互通	25	贵州省	贸易投资互联互通
4	山西省	规则政策互联互通	15	福建省	贸易投资互联互通	26	云南省	贸易投资互联互通
5	陕西省	贸易投资互联互通	16	山东省	规则政策互联互通	27	西藏自治区	基础设施互联互通
6	河南省	基础设施互联互通	17	湖北省	贸易投资互联互通	28	甘肃省	规则政策互联互通
7	内蒙古自治区	贸易投资互联互通	18	湖南省	贸易投资互联互通	29	青海省	贸易投资互联互通
8	辽宁省	贸易投资互联互通	19	江西省	贸易投资互联互通	30	宁夏回族自治区	规则政策互联互通
9	吉林省	贸易投资互联互通	20	广东省	规则政策互联互通	31	新疆维吾尔自治区	危机管控互联互通
10	黑龙江省	贸易投资互联互通	21	广西壮族自治区	贸易投资互联互通			
11	上海市	规则政策互联互通	22	海南省	规则政策互联互通			

鉴于目前中国国内互联互通主要发生在省区内部，而省区之间则比较少，且不太成熟，即使一体化程度相

对较高的长三角地区，至今也还没有形成高度的金融一体化，更别提其高度的产业一体化和政策一体化等，因此着重把握和继续推动省区内部实施途径的健康发展，并及时关注和酌情推动省区之间实施途径的有效发展，可能更为适宜。虽然至今还受到有关统计数据严重缺乏等各种因素制约，难以全面准确地有效把握各地区内部互联互通实施途径的发展现状，更难以及时给出比较精确的实证确定，但是随着互联互通理论的不断发展、国内外各种互联互通实践的不断推进和统计分析技术的不断进步，一定会越来越走向全面化、具体化和精确化，现在仅对省区内部人文交流互联互通、基础设施互联互通和贸易投资互联互通给出初步算法，即：

$$省区内部人文交流互联互通的发展水平 = \alpha_1 \cdot \frac{省区内部常住人口实际平均寿命}{省区内部常住人口预期平均寿命} +$$

$$\alpha_2 \cdot \frac{省区内部常住适龄人口实际平均受教育年限}{省区内部常住适龄人口理想平均受教育年限} + \alpha_3 \cdot \frac{省区内部常住人口实际人均 GDP}{省区内部常住人口潜在人均 GDP}$$

$$(1)①$$

---

①　该指标是根据联合国开发计划署（UNDP）创立的人文发展指数（HDI）演变而来。因为不管是省区内部人文交流互联互通，还是省区之间人文交流互联互通，最终都会促进其人文方面的一定发展，包括发展的规模即增长的数量和发展的结构等方面，所以人文发展指数也可以简单称之为人文交流互联互通指数。

$$省区内部贸易投资互联互通的发展水平 = \beta_1 \cdot \frac{省区内部实际贸易额}{省区内部潜在贸易额} + \beta_2 \cdot$$

$$\frac{省区内部实际投资额}{省区内部预期投资额} - \beta_3 \cdot \frac{省区内部实际投资贸易额}{省区内部预期投资贸易额} \qquad (2)①$$

$$省区内部基础设施互联互通的发展水平 = \frac{\sum\limits_{i=1}^{n} \gamma_i \cdot 省区内部基础设施\,i\,的实际投资额}{\sum\limits_{i=1}^{n} \gamma_i \cdot 省区内部基础设施\,i\,的预期投资额}$$

$$(3)②$$

其中，α_1，α_2，α_3，β_1，β_2，β_3，γ_i 都是各指标相应类别的比例系数，且都大于 0 和小于 1；i，n 都是自然数，且 $\geq i$。同时，$\alpha_1 + \alpha_2 + \alpha_3 = \beta_1 + \beta_2 + \beta_3 = \sum\limits_{i=1}^{n} \gamma i = 1$。

---

①　因为贸易和投资存在一定的重复部分，所以该指标必须将其排除。

②　基础设施主要包括交通运输，机场，港口，桥梁，通信，水利及城市供排水供气，供电设施和提供无形产品或服务于科教文卫等部门所需的固定资产，因限于篇幅，所以该指标中没有具体标出，仅以基础设施 i 代替。

六　国内互联互通的实施主体、
实施态度和实施策略

（一）实施主体

互联互通的有效实施离不开有关实施主体的积极推动，国内互联互通也不例外，有关实施主体可以是个人，也可以是企业，还可以是政府，甚至还可以是非政府组织等各种派生主体，但由于彼此的基本属性有所不同，所扮演的角色、定位和作用等各种方面也有所不同，这就需要对不同实施主体进行认真分析和有效搭配，以便充分发挥它们各自的效力和彼此之间的最佳合力。由于非政府组织①在现代经济社会中发挥的作用越来越大，并且越来越不可替代，而个人作用又相对很小，且比较分散，所以本部分着重分析前者。因此本部分探讨的实施

① 从字面上看，"非政府组织"一词指的是除政府之外的其他社会组织，但由于约定俗成的这一概念中并不包括企业等营利性的社会组织，不包括家庭等亲缘性的社会组织，也不包括政党、教会等政治性、宗教性的社会组织。相对于企业、家庭、政党和教会等社会组织来说，非政府组织往往更具有公共性、民主性、开放性和社会价值导向。所以严格说来，非政府组织这一概念指的是除政府之外的其他社会公共组织。

主体主要包括政府、企业和非政府组织，如果再进一步细分，则主要包括中央政府、地方政府、边疆政府、国有企业、民营企业、外资企业、国外非政府组织、国内非政府组织等。其中，政府主要负责辖区内互联互通方面的法律法规、政策措施和指示规定等有关制度规则的研究制定、执行评估和修改完善，并组织实施有关互联互通重大重点项目，同时代表本地区和其他地区甚至国家的有关政府签订互联互通双边协议或（和）多边协议等。企业主要根据自身的基本属性、资本所有者的基本要求和未来发展的基本定位等各种因素，认真按照经营所在地国家和地区互联互通方面的法律法规、政策措施和指示规定等有关制度规则，充分依靠市场力量和公平竞争法则，与其他实施主体建立健全各种经济关系，并积极开展各种互联互通经济活动。对于国有企业来说，还要努力履行其资本所有者（政府）所赋予的各种重要职责，如积极参与其资本所有者政府自身以及和有关政府所确定实施的各种互联互通重大重点项目等。对于外资企业来说，还要努力履行其资本所有者国家和地区以及资本所有者所赋予的各种重要职责。非政府组织主要根据自身的基本属性及其所应承担的社会职责等因素，按照资本所有者所提出的基本要求，在认真遵守经营所在地国家和地区互联互通方面的法律法规、政策措施和指示规定等有关制度规则条件下，以比较合理合规合法的经营方式，积极参与各种互联互通社会活动。对于国外非政府组织来说，还要按照其资本所有者国家和地区以及资本所有者所提出的基本要求活动。对于中国国内非政府组织来说，还要按照国内和经营所在地以及其资本所有者所提出的基本要求活动。根据目前国内分类方法，中国非政府组织主要包括事业单位、社区管理型组织、社会团体和民办非企业单位，如中国科学技术协会、中国教育发展基金会、中国国际民间组织合作促进会、中华全国妇女联合会、中华全国总工会等各种形式。据民政部统计，截至 2011 年年底，全国共有社会组织（即非政府组织，NGO）46.2 万个，比 2010 年增长 3.7%。①当然，各种实施主体之间也存在一定的联系，例如，都是互联互通活动中不可或缺的重要组成部分，都要承担应有的基本职责，都要发挥各自的基本属性，都要遵守经营所在地国家和地区互联互通方面的法律法规、政策

① 记者　李永春：《民政部：2011 年底中国共有 46.2 万个非政府组织》，财新网 2012 年 6 月 21 日。

措施和指示规定等有关制度规则，都要围绕各种互联互通活动而有效展开，等等。如果要全面准确把握它们之间的各种联系和主要区别，可参见表8。

（二）实施态度

不管是政府，还是企业，甚至是非政府组织，面对国内互联互通的有效实施，可以采取积极参与态度，也可以采取等待观望态度，还可以采取婉言拒绝态度，并且表现程度各有不一，原因在于它们所处的地位有所不同、所关注的目标有所不同、所面对的风险有所不同等，因而最终态度也就有所不同。而且，伴随内外环境的各种变化，它们既不会一直完全接受，也不会一直婉言拒绝，更不会一直等待观望，而是会具体问题具体对待，目的主要还是要实现自身利益最大化，或者是经济利益最大化，或者是政治利益利益最大化，或者是社会利益最大化和安全利益最大化等，毕竟每个实施主体都有自己的基本属性。对于政府而言，它主要关注自己辖区内的宏观利益、战略利益、整体利益和政治利益等，但对于中国政府来说，它还要继续适当关注经济利益，因为至今中国还是以经济建设为中心。对于企业而言，它主

表 8　　　　国内互联互通中不同实施主体之间的各种联系和主要区别

比较\主体		联系				区别			
		属性	地位	依据	目标	属性	地位	依据	目标
政府	中央政府	都要体现自身的基本属性,也都要充分发挥自身的基本属性	都是经营所在地国家和地区国内互联互通的重要组成部分	都要认真遵守经营所在地国家和地区国内互联互通方面的法律	都要服从经营所在地国家和地区国内互联互通的发展目标,也都要服从自身未来发展的互联互通基本定位	体现的重点有所不同:政府主要体现自身的社会属性,企业主要体现自身的自然属性,非政府组织主要介于两者之间	政府占据非常重要的地位,积极发挥引领推动作用;企业占据十分重要的地位,并继续发挥主体作用;非政府组织占据一定的地位,并及时发挥必要的辅助作用	地方政府还要依据经营所在地中央政府和本地国内互联互通法规,企业和非政府组织还要依据经营所在地国家和地区国内互联互通方面的法规、政策措施和指示规定等制度规则	政府主要着眼于宏观性、战略性和整体性国内互联互通目标;企业主要着眼于经济性半经济国内互联互通目标;非政府组织主要着眼于国内互联互通方面的公益性社会目标和一定营利性经济目标
	地方政府								
	边疆政府								
企业	国有企业								
	民营企业								
	外资企业								
非政府组织	事业单位								
	社区管理型组织								
	社会团体								
	民办非企业单位								

要关注自身的经济利益、安全利益和眼前利益等，但对于国有企业而言，它还要关注其资本所有者政府的基本利益；对于外资企业，它还要关注其资本所有者国家和地区的基本利益；对于非政府组织而言，它主要关注必要的社会利益、一定的经济利益和特殊的群体利益等，但对于国外非政府组织而言，它还要关注其资本所有者国家和地区的基本利益；对于中国国内非政府组织，它还要关注其资本所有者的基本利益。实施态度可以体现在利益实现方面，也可以体现在风险应对方面，考虑到任何利益的实现都伴随相应的风险应对，所以对待风险的主要态度实际上也体现了对待利益的主要态度。为了行文方便，也为了与本课题其他部分保持统一，现仅从政治风险、经济风险、社会风险和安全风险等方面，并结合表 5 中有关内容，对 2015 年中国各省区国内互联互通中不同实施主体的基本态度进行全面初步梳理（详见表 9）。至于中央层面，不管是中央企业，还是中央事业单位等非政府组织，对于那些风险也都会给予必要的关注，并承担起应有的基本责任，毕竟它们都是中央政府直接或间接授权的具有一定经济政治和社会等方面意志的法定代表。

表 9　　2015 年中国各省区国内互联互通中不同实施主体的基本态度

序号	省市	实施主体	国内互联互通中实施风险的基本类型			
			政治风险	经济风险	社会风险	安全风险
1	北京市	政府	√	√	○	√
		企业	×	√	○	√
		非政府组织	×	√	√	○
2	天津市	政府	√	√	√	
		企业	×	√	○	
		非政府组织	×	√	√	
3	河北省	政府	√	√		
		企业	×	√		
		非政府组织	×	√		
4	山西省	政府	√	√		√
		企业	×	√		√
		非政府组织	×	√		○
5	陕西省	政府	√	√	○	
		企业	×	√	○	
		非政府组织	×	√	√	
6	河南省	政府	√	√	√	√
		企业	×	√	○	√
		非政府组织	×	√	√	○

续表

序号	省市	实施态度 / 实施主体	国内互联互通中实施风险的基本类型			
			政治风险	经济风险	社会风险	安全风险
7	内蒙古自治区	政府	√	√	√	√
		企业	×	√	○	√
		非政府组织	×	√	√	○
8	辽宁省	政府	√	√	○	√
		企业	×	√	○	○
		非政府组织	×	√	√	○
9	吉林省	政府	√	√	√	√
		企业	×	√	○	√
		非政府组织	×	√	√	○
10	黑龙江省	政府	√	√		
		企业	×	√		
		非政府组织	×	√		
11	上海市	政府	√	√	○	√
		企业	×	√	○	√
		非政府组织	×	√	√	○
12	江苏省	政府	√	√	○	√
		企业	×	√	○	√
		非政府组织	×	√	√	○

续表

序号	省市	实施态度／实施主体	国内互联互通中实施风险的基本类型			
			政治风险	经济风险	社会风险	安全风险
13	浙江省	政府	√	√	○	
		企业	×	√	○	
		非政府组织	×	√	√	
14	安徽省	政府	√	√		√
		企业	×	√		√
		非政府组织	×	√		○
15	福建省	政府	√	√	○	√
		企业	×	√	○	√
		非政府组织	×	√	√	○
16	山东省	政府	√	√	√	√
		企业	×	√	○	√
		非政府组织	×	√	√	○
17	湖北省	政府	√	√		√
		企业	×	√		○
		非政府组织	×	√		○
18	湖南省	政府	√	√		√
		企业	×	√		√
		非政府组织	×	√		○

续表

序号	省市	实施主体	国内互联互通中实施风险的基本类型			
		实施态度	政治风险	经济风险	社会风险	安全风险
19	江西省	政府	√	√		
		企业	×	√		
		非政府组织	×	√		
20	广东省	政府	√	√	√	√
		企业	×	√	○	√
		非政府组织	×	√	√	○
21	广西壮族自治区	政府	√	√		
		企业	×	√		
		非政府组织	×	√		
22	海南省	政府	√	√	○	√
		企业	×	√	○	○
		非政府组织	×	√	√	○
23	重庆市	政府	√	√	√	√
		企业	×	√	√	√
		非政府组织	×	√	√	○
24	四川省	政府	√	√	√	
		企业	×	√	○	
		非政府组织	×	√	√	

续表

序号	省市	实施主体	政治风险	经济风险	社会风险	安全风险
25	贵州省	政府	√	√	√	○
		企业	×	√	○	√
		非政府组织	×	√	√	○
26	云南省	政府	√	√	√	
		企业	×	√	○	
		非政府组织	×	√	√	
27	西藏自治区	政府	√	√	√	√
		企业	×	√	√	√
		非政府组织	×	√	√	√
28	甘肃省	政府	√	√		
		企业	×	√		
		非政府组织	×	√		
29	青海省	政府	√	√		
		企业	×	√		
		非政府组织	×	√		
30	宁夏回族自治区	政府	√	√		
		企业	×	√		
		非政府组织	×	√		

注：表头含"实施态度"、"国内互联互通中实施风险的基本类型"

续表

序号	省市	实施态度／实施主体	国内互联互通中实施风险的基本类型			
			政治风险	经济风险	社会风险	安全风险
31	新疆维吾尔自治区	政府	√	√	√	√
		企业	×	√	○	○
		非政府组织	×	√	√	○

注：积极参与，以"√"表示；婉言拒绝，以"×"表示；等待观望，以"○"表示。

（三）实施策略

国内互联互通的实施策略就是国内互联互通实施的主要步骤，可以体现在其政治利益、经济利益、社会利益和安全利益等实施利益的先后处理上，也可以体现在其政治风险、经济风险、社会风险和安全风险等的优先应对上，还可以体现在其基本类型的次序编排和先后实施上等等。考虑到国内互联互通可以按照区域内部互联互通、城乡之间互联互通和区域之间互联互通等横向划分逐步推进，也可以按照人为交流互联互通、基础设施互联互通、贸易投资互联互通、货币金融互联互通、规则政策互联互通和危机管控互联互通等纵向划分逐步推进，那么这就为研究中国各省区国内互联互通的实施策略提供了一条重要研究思路。联想到省区内部的实施主体一般主要关注区域内部互联互通和城乡之间互联互通，并适当关注区域之间互联互通，中央层面的实施主体一般主要关注区域之间互联互通，并适当关注部分省区的区域内部互联互通和城乡之间互联互通，对于人文交流互联互通等各种纵向划分的国内互联互通也同样如此，所以要继续加快推进国内互联互通，省区内部的实施主体和中央层面的实施主体必须及时合理分工，并努力适当配合，包括彼此之间的实施策略的配合等。由于中国特殊的政治体制及其政府实施主体在其中扮演的非常重要的作用，以及各地区经济社会发展不平衡等因素，决定着政府必然要在中国各地区国内互联互通的实施策略中扮演着非常重要的角色。至于企业和非政府组织等其他实施主体也都会依据它的各种行为而作出相应调整。为了便于中国各省区国内互联互通继续有效推进和彼此之间有效衔接，也为了便于它们和中央国内互联互通方面的法律法规、政策措施和指示规定等有关制度规则有效对接，现根据 2015 年 3 月 28 日中国国家发展改革委、外交部、商务部联合发布的《推动共建丝绸之路经济带和21世纪海上丝绸之路的愿景与行动》（以下简称《愿景与行动》）等有关文件要求，并结合2015年中央政府和各省区政府工作报告中有关国内互联互通基本类型的先后实施次序编排，仅从其横向划分方面的实施途径角度和纵向划分方面的实施途径角度，对当年中国国内互联互通中中央政府和各省区政府的实施策略进行全面初步的梳理（详见表10）。

表10　2015年中国国内互联互通中中央政府和各省区政府的实施策略

序号	实施策略 政府 实施主体	不同政府实施主体对待国内互联互通不同实施途径的实施策略								
		人文交流互联互通	基础设施互联互通	贸易投资互联互通	货币金融互联互通	规则政策互联互通	危机管控互联互通	区域内部互联互通	城乡之间互联互通	区域之间互联互通
中央层面的政府主体										
0	中央政府	4	5	2	3	1	6	II	I	III
省级层面的政府主体										
1	北京市政府	4	5	3	2	1	6	III	II	I
2	天津市政府	4	5	2	3	1	6	II	III	I
3	河北省政府	5	2	1	4	3	6	I	III	II
4	山西省政府	3	5	4	2	1	6	II	III	I
5	陕西省政府	3	2	1	5	4	6	II	III	I

续表

序号	政府实施主体	人文交流互联互通	基础设施互联互通	贸易投资互联互通	货币金融互联互通	规则政策互联互通	危机管控互联互通	区域内部互联互通	城乡之间互联互通	区域之间互联互通
	实施策略	不同政府实施主体对待国内互联互通不同实施途径的实施策略								
6	河南省政府	5	1	2	4	3	6	Ⅰ	Ⅱ	Ⅲ
7	内蒙古自治区政府	4	3	1	2	5	6	Ⅲ	Ⅱ	Ⅰ
8	辽宁省政府	5	2	1	4	3	6	Ⅱ	Ⅲ	Ⅰ
9	吉林省政府	3	2	1	4	5	6	Ⅰ	Ⅱ	Ⅲ
10	黑龙江省政府	5	4	1	2	3	6	Ⅰ	Ⅱ	Ⅲ
11	上海市政府	2	5	4	3	1	6	Ⅱ	Ⅲ	Ⅰ
12	江苏省政府	5	2	1	4	3	6	Ⅲ	Ⅱ	Ⅰ
13	浙江省政府	2	5	4	3	1	6	Ⅱ	Ⅲ	Ⅰ
14	安徽省政府	5	4	3	2	1	6	Ⅰ	Ⅲ	Ⅱ
15	福建省政府	4	2	1	3	5	6	Ⅰ	Ⅲ	Ⅱ
16	山东省政府	3	5	4	2	1	6	Ⅰ	Ⅱ	Ⅲ
17	湖北省政府	3	2	1	5	4	6	Ⅱ	Ⅲ	Ⅰ
18	湖南省政府	5	2	1	4	3	6	Ⅱ	Ⅲ	Ⅰ
19	江西省政府	5	2	1	4	3	6	Ⅱ	Ⅲ	Ⅰ
20	广东省政府	5	4	3	2	1	6	Ⅱ	Ⅰ	Ⅲ
21	广西壮族自治区政府	3	2	1	6	5	4	Ⅱ	Ⅲ	Ⅰ
22	海南省政府	3	5	4	2	1	6	Ⅰ	Ⅱ	Ⅲ

续表

序号	实施策略 政府 实施主体	不同政府实施主体对待国内互联互通不同实施途径的实施策略								
		人文交流互联互通	基础设施互联互通	贸易投资互联互通	货币金融互联互通	规则政策互联互通	危机管控互联互通	区域内部互联互通	城乡之间互联互通	区域之间互联互通
23	重庆市政府	1	4	2	3	5	6	Ⅰ	Ⅱ	Ⅲ
24	四川省政府	3	1	2	5	4	6	Ⅱ	Ⅲ	Ⅰ
25	贵州省政府	3	4	1	5	2	6	Ⅲ	Ⅱ	Ⅰ
26	云南省政府	3	2	1	5	4	6	Ⅰ	Ⅱ	Ⅲ
27	西藏自治区政府	5	1	4	3	2	6	Ⅰ	Ⅱ	Ⅲ
28	甘肃省政府	3	5	4	2	1	6	Ⅱ	Ⅰ	Ⅲ
29	青海省政府	3	2	1	5	6	4	Ⅱ	Ⅰ	Ⅲ
30	宁夏回族自治区政府	2	4	3	5	1	6	Ⅱ	Ⅲ	Ⅰ
31	新疆维吾尔自治区政府	6	5	4	3	2	1	Ⅱ	Ⅲ	Ⅰ

注：对不同政府实施主体纵向划分的国内互联互通实施途径按照"1，2，3，……，6"表示，对其横向划分的实施途径按照"Ⅰ，Ⅱ，Ⅲ"表示。

七 中国国内互联互通的发展现状、存在问题和政策建议

（一）发展现状

新中国成立以来，随着社会主义建设道路的不断探索和传统计划经济管理体制、社会主义市场经济管理体制的相继确立，总的来说，中国先后呈现出两种互联互通基本类型，即**改革开放之前的传统计划经济下政府主导式议会制型互联互通和 2010 年之后的社会主义市场经济下政府主导式议会制型互联互通**，如果再考虑其中经济管理体制之间的逐步转换，还将包括这两者兼顾的组合类型，即**混合经济下政府主导式议会制互联互通**，当然也包括国内互联互通方面。但是，由于 1992 年邓小平同志及时开展"南方谈话"进而推动确立中国特色社会主义市场经济管理体制战略目标，中国国内互联互通的发展开始呈现前后不同分野，**在此之前仍然是以传统计划经济管理体制占主导，而在此之后则是逐步以社会主义市场经济管理体制占主导。**

特别是改革开放以来，在以经济建设为中心的长期战略指导下和以经济体制改革特别是社会主义市场经济

管理体制建立健全的主要推动下，经过政府职责定位的逐步调整，个人、企业以及非政府组织等各种新兴经济主体的加快发展和积极参与，中国的市场地位、市场作用和市场规模等都在不断加大，各种实施主体、实施动力、实施风险和实施策略等也都在不断调整，并逐渐推动其互联互通特别是国内互联互通缓慢而又深刻的制度变革，不断向广度和深度发展，不仅体现在其总的类型的变化上，而且也体现在其横向类型和纵向类型的演变上等，甚至最终还延伸到了国际互联互通，如"一带一路"重大战略构想的及时提出和其《愿景与行动》的制定发布等，同时也呈现出了一些主要特征：

1. **实施主体由政府几乎一元逐步转变为政府、个人、企业以及非政府组织等多元同时并存，并相对独立，且政府之外的主体所扮演的角色地位和作用也越来越大。**从表11 和图 1 中可以看出，改革开放以来，国家财政收入占中国当年 GDP 的比重总体上呈"V"形逐渐下降趋势，从 1978 年的 31.02% 最终下降到 2014 年的 22.06%，如果不是及时加强政府宏观调控作用和积极应对各种经济危机，它也不可能从最低点 1996 年的 10.35% 开始止跌回升，但直到 2014 年也没有达到 1985 年的 22.18%。

表 11　　　　　　　　国家财政收入占中国当年 GDP 的比重

收入及比重 / 年份	中国当年 GDP 的总量（单位：亿元）	中国当年国家财政收入的规模（单位：亿元）	国家财政收入占当年中国 GDP 的比重（单位:%）
1978	3650.2	1132.26	31.02
1979	4067.7	1146.38	28.18
1980	4551.6	1159.93	25.48
1981	4898.1	1175.79	24.01
1982	5333.0	1212.33	22.73
1983	5975.6	1366.95	22.88
1984	7226.3	1642.86	22.73
1985	9039.9	2004.82	22.18
1986	10308.8	2122.01	20.58
1987	12102.2	2199.35	18.17
1988	15101.1	2357.24	15.61
1989	17090.3	2664.90	15.59
1990	18774.3	2937.10	15.64
1991	21895.5	3149.48	14.38
1992	27068.3	3483.37	12.87
1993	35524.3	4348.95	12.24
1994	48459.6	5218.10	10.77
1995	61129.8	6242.20	10.21
1996	71572.3	7407.99	10.35
1997	79429.5	8651.14	10.89

续表

收入及比重　　　　　　　年份	中国当年 GDP 的总量（单位：亿元）	中国当年国家财政收入的规模（单位：亿元）	国家财政收入占当年中国 GDP 的比重（单位:%）
1998	84883.7	9875.95	11.63
1999	90187.7	11444.08	12.69
2000	99776.3	13395.23	13.43
2001	110270.4	16386.04	14.86
2002	121002.0	18903.64	15.62
2003	136564.6	21715.25	15.90
2004	160714.4	26396.47	16.42
2005	185895.8	31649.29	17.03
2006	217656.6	38760.20	17.81
2007	268019.4	51321.78	19.15
2008	316751.7	61330.35	19.36
2009	345629.2	68518.30	19.82
2010	408903.0	83101.51	20.32
2011	484123.5	103874.43	21.46
2012	534123.0	117253.52	21.95
2013	588018.8	129209.64	21.97
2014	636138.7	140349.74	22.06

注：数据来源于历年的《中国统计年鉴》。

单位：(%)

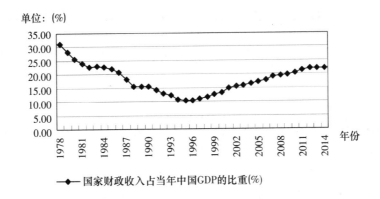

图1 国家财政收入占中国当年 GDP 的比重分布

2. **实施动力由行政推动为主逐步转变到经济驱动为主、宏观调控为辅，并由主要依赖政府的社会属性逐步转变到主要依赖个人、企业的自然属性和部分依赖政府、非政府组织等的社会属性，且因各地区的经济发展阶段不同、市场发育不同和政府作用不同等而有所不同。**通常，在经济发展阶段一定情况下，市场发育越高，其经济驱动越强，政府作用越大，其宏观调控越有效。截至目前，中国国内互联互通已形成了四种实施动力，即：利益合理分享、风险共同分担、积极协商处理和权利义务对等。

3. **实施风险由政治风险为主、经济风险、社会风险和安全风险为辅逐步转变到经济风险为主、政治风险、**

社会风险和安全风险为辅。在政府职责定位逐步调整和经济体制改革特别是市场化改革的不断推进下，中国各地区不同实施主体的自然属性开始得到逐步释放，但是自然资源和社会资源等各种资源的相对稀缺，最终导致了许多经济风险、社会风险和安全风险的相继发生，如集资诈骗、暴力拆迁所引起的群众性上访等。据中国最高人民法院统计，2008—2012 年间，地方各级人民法院受理案件 5610.5 万件，同比上升 29.3%；2013 年，地方各级人民法院受理案件 1421.7 万件，同比上升 7.4%。[①] 而且，伴随不同地区、不同发展阶段和不同市场发育等而有所不同，如表 5 所示。

4. **实施态度由单一态度积极支持为主逐步转变到多种态度积极支持、等待观望和婉言拒绝并存为主**。随着个人、企业以及非政府组织等新兴主体的加快发展和日渐独立，各种实施主体开始逐渐对各种实施风险采取不同态度，并因各自所处的不同地区、不同地位、不同利益和不同风险等而有所不同，如表 9 所示。对于北京市而言，虽然各种实施主体都处于同一地区，也都面临同

---

① 彭波：《营造法治新常态——党的十八大以来我国法治建设新成就综述》，《人民日报》（数字报），2014 年 10 月 15 日。

一风险，但是由于各自所处的地位和利益有所不同，所以政府对政治风险、经济风险和安全风险比较关心，对社会风险等待观望；而企业和非政府组织对政治风险都是婉言拒绝，对经济风险都是比较关心，可是在社会风险和安全风险方面，两者态度则完全相反：前者对社会风险等待观望，对安全风险比较关心，而后者对社会风险则比较关心，对安全风险则等待观望。

5. **实施策略由政府主动采取为主，个人、企业和非政府组织等被动采取为辅逐步转变到政府主动采取为辅、个人、企业和非政府组织等积极采取为主**。随着经济主体的日益多元化和相对独立并存，它们也开始根据自己所处的地理区位、风险状况和应对能力等，对各种实施风险及时采取不同的实施策略，各级政府也是如此（如表 10 所示）。尽管京津冀都属于同一个经济区，但是由于各自所处的经济发展阶段不同、资源禀赋条件不同和应对风险能力不同等，结果其实施策略也有所不同，不管是体现在其横向方面的实施途径选择上，还是体现在其纵向方面的实施途径选择上。**在横向方面，北京市政府是区域之间互联互通→城乡之间互联互通→区域内部互联互通，而天津市政府是区域之间互联互通→区域内**

部互联互通→城乡之间互联互通，河北省政府则是区域内部互联互通→区域之间互联互通→城乡之间互联互通。

6. **实施类型由种类较少、形式单一为主逐步转变到种类较多、形式多样为主**。由于部分类型的互联互通如货币金融互联互通等要在市场经济发展到一定程度才能逐渐出现，所以当市场化改革取向开始逐步推进时，一些与货币金融有关的互联互通必然会相继产生，并且伴随市场化程度的不断加深而逐步加深和及时拓展，甚至会逐渐渗透到人文交流互联互通、基础设施互联互通和区域之间互联互通等各种互联互通中，毕竟以货币为媒介的间接交换比直接交换更加便利自由和容易，截至2013年第一季度末，中国广义货币（M2）量已经超过100万亿元，而2002年年初只有16万亿元，十多年间增长超过5倍。[①] 结果，2002年党的十六大报告明确提出要"统筹城乡经济社会发展"，2003年10月党的十六届三中全会公开强调要"按照统筹城乡发展、统筹区域发展、统筹经济社会发展、统筹人与自然和谐发展、统筹国内发展和对外开放的要求，推进改革和发展"。

---

① 赵鹏飞：《中国货币投放量居世界第一 人民币外升值内贬值》，《人民日报》（海外版），2013年11月8日。

（二）存在问题

也许因为我们对互联互通还了解不多和重视不够，也许因为我们对国内互联互通实践还总结较少和理解有误，也许因为我们对中国国内互联互通理论还研究不深和创新不足，使得中国国内互联互通至今还存在很多突出问题，如内涵理解简单粗放，类型划分不太全面，现状把握轻描淡写，项目储备亟待加强，协调机制参差不齐，等等。总的来说主要体现在：

1. 比较深入的国内互联互通理论研究还严重缺乏

由于国际互联互通实践主要盛行于通信电信和经济外交等领域，而中国国内互联互通实践则主要盛行于1995年以后特别是党的十八大以后，所以对于互联互通特别是国内互联互通的理论研究还比较简单肤浅和片面，甚至还存在一定认识误区，毕竟实践是理论的先导，理论是实践的反映，即使目前国内部分学者有所研究，也多是从介绍国外相关研究和对国内一些党政领导人如习近平总书记的"一带一路"谈话及其有关政府工作报告和政策法律文件等方面解读阐发入手，真正从经济学角度全面深入系统开展至今还没有。2014年11月8日，习近平总书记对互联互通作了比较全面的最新概括，但对于其基本概念，基本类型划分，及其不同实施主体的职责定位等，学界还没有系统研究。

2. 比较全面的国内互联互通发展现状还把握不够

由于对互联互通重视不够、关注不多和研究不深等各种原因，决定着我们对互联互通特别是国内互联互通的现状把握必然比较支离破碎，难以形成有机整体，毕竟"一带一路"重大战略构想及其主要特征互联互通于 2013 年才被提升到国家发展战略高度。研究者不仅对各地区区域内部互联互通、城乡之间互联互通和区域之间互联互通的发展现状把握不多，而且对人文交流互联互通、基础设施互联互通、贸易投资互联互通、货币金融互联互通、规则政策互联互通和危机管控互联互通的发展现状也把握不多，甚至对其实施目标、实施主体、实施动力、实施风险、实施途径和实施策略等实施内容的发展现状也把握不多，更何况 2014 年 11 月 8 日习近平总书记主持讲话时还没有谈到危机管控互联互通的相关问题，研究者更难充分认识到互联互通双边或多边协调机制的重要性等。

3. 比较专门的国内互联互通战略规划还没有制定

由于《愿景与行动》的及时制定主要是立足于"一

带一路"重大战略构想的有效实施，而各省区有关战略规划的及时制定也主要是积极配合"一带一路"重大战略构想的有效实施，所以至今还没有为国内互联互通有效实施专门制定的战略规划，当然也就不可能从国内经济社会发展的战略高度进行整体考虑和顶层设计。考虑到前者主要立足于国际，而后者则主要立足于国内，即使前者有些方面可以适当借鉴，也不能完全替代，因此目前既没有对国内互联互通的战略目标进行全面把握和有效确定的成果，也没有对其实施方案进行认真规划和合理设计，更没有对其实施项目及其实施进度进行妥善安排和适当衔接。

4. 比较有效的国内互联互通实施方案还有待整合

由于各省区互联互通实施方案的研究制定主要立足于本地区的经济社会发展实际，而不同省区又有各自的经济政治和社会等利益关系，因此其实施方案之间不可避免会存在不同程度的冲突、碰撞和重叠等问题。考虑到各省区甚至各国或各地区的经济社会资源都是相对稀缺的，而且彼此之间发展阶段和资源禀赋等都有所不同，这就要求及时加强它们之间的协调对接和整合，以继续促进彼此之间各种资源的合理高效配置，否则不仅各省区实施方案难以有效覆盖全国或全地区，即使已经覆盖了，也难以充分发挥各自的长处，从而造成一定程度的产业同构等现象。另外，由于某些跨省区的互联互通项目涉及有关方面利益，且任何一方或几方都不愿承担或者无法承担项目，这也要求及时整合。

5. 比较可行的国内互联互通储备项目还需要充实

由于任何互联互通的有效实施都需要借助一定项目积极推动，而一定项目的确定搭配和实施都需要相应的时间，且彼此之间还存在不同程度的实施先后、互相依托和共同促进等各种联系，如贸易投资互联互通必须依托必要的基础设施互联互通，而货币金融互联互通又必须依托必要的贸易投资互联互通，目前加快推进京津冀协同发展首先是从交通基础设施一体化入手等，而且建成以后还要伴随其内外环境各种变化而作出相应调整，等等，这就需要不断充实各种比较可行的有关储备项目，国际互联互通如此，国内互联互通也是如此，否则将难以及时形成比较完整的互联互通，即使已经形成了，也将难以充分发挥比较有效的基本功能，更何况有的功能发挥还需要相当长的时间积累，如人文交流互联互通等。

6. 比较急需的国内基础设施互联互通还不太完善

由于基础设施互联互通的产生需要一个过程，而人们对于基础设施互联互通重要性的认识也需要一个过程，这就造成了比较急需的基础设施互联互通不太完善，不仅区域内部和城乡之间的基础设施互联互通不太完善，而且区域之间的基础设施互联互通也不太完善，甚至有些还很不完善，毕竟后者涉及的实施主体相对更多，而且各自所关注的重点、所表达的诉求和所提供的财力等也都有所不同，所以协调起来更加困难，否则《京津冀协同发展交通一体化规划》不可能直到 2015 年 12 月 8 日才制定发布。截至 2015 年 7 月 27 日，经交通运输部与国家发改委确定的涉及北京的国家高速"断头路"还有 3 条，即：京秦高速、京台高速、首都地区环线的密涿高速。①

7. 比较重要的国内互联互通协调机制还缺乏规范

由于互联互通协调机制的产生主要源于有关各方互联互通问题的出现，并因其不同性质、不同类型和不同主体等因素而会作出相应调整，既有自然演进产生的，

---

① 王昊男、余荣华：《京津冀协同发展　先通交通的"脉"》，《人民日报》（数字报），2015 年 7 月 27 日。

也有人为设计产生的，还有两者兼顾产生的；既可以单独起作用，也可以共同起作用，毕竟每种协调机制都有其应有的价值。然而也只能发挥有限的作用，当超出自身有限的作用时，必然要和其他协调机制协调配合，所以长三角地区才逐步建立起中央级、省区级和地市级等各种协调机制，当然京津冀等其他地区也是如此，只是其发展程度、发挥作用和采取形式等有所不同，因此这就要对不同互联互通协调机制进行有效规范，否则难以进行客观评价，也难以及时改进和完善。即使区域之间互联互通相对较高的长三角地区，其协调机制也没有完全规范，至今还依然缺乏科学的协调机制①和必要的法制保障②等。

8. 比较适用的国内互联互通评价体系还亟待建立

由于评价体系的建立是伴随互联互通发展到一定程度而逐步出现的，而体现互联互通主要特征的"一带一路"直到 2013 年才迅速上升到国家发展战略高度，即使

---

① 目前，省级协调仍然比较松散，没有形成稳定的制度结构，而且地市级协调还缺乏必要的约束力等。参见豆建民《长江三角洲城市群经济合作的协调机制研究》，硕士学位论文，上海财经大学，2008 年，第 19 页。

② 杨凤华：《长三角区域经济一体化深化发展的思考》，《工业技术经济》2011 年第 5 期，第 12 页。

1995 年以后互联互通逐渐进入了国人视野，也没有获得应有的重视和发展，这就决定了互联互通评价体系不可能有效建立，更不可能全国性有效建立，毕竟没有足够大的客观需求，何来其相应的建立动力？更何况其建立还需要互联互通有关要素的必要支撑，如实施主体、实施风险、实施途径和实施项目等。既然现在需要继续推进国内互联互通，那么抓紧探索建立其有效评价体系就迫在眉睫。党的十八届三中全会明确提出完善发展成果考核评价体系的改革任务①，实际上就是为新时期干部管理的规则政策互联互通及时提供其有效评价体系。

（三）政策建议

根据以上分析，并顾及国内互联互通与国际互联互通之间的联系和区别、中国国内互联互通的发展现状和未来前景、"一带一路"重大战略构想的初步规划和基本蓝图，现按照党的十八届三中全会关于加快完善现代市场体系、加快转变政府职能、健全城乡发展一体化体制机制、推进文化体制机制创新、创新社会治理体制和

---

① 《如何完善发展成果考核评价体系？》，新华网（http：//news. xin-huanet. com/politics），2013 年 12 月 21 日。

五中全会关于制定国民经济和社会发展第十三个五年规划的建议以及《愿景与行动》等精神，研究提出以下政策建议：

1. **要抓紧全面总结国内外有关国内互联互通的研究现状，并根据中国国内互联互通的时代要求、基本特点和存在问题等，不断深入推进中国国内互联互通理论研究。**要从国内互联互通的主要起源、历史演变、发展现状、主要特征、影响因素、基本类型、分布状况、重要意义、存在问题和基本组成、实施主体、理论基础等角度认真分类梳理其国内外研究现状，并分析提出其基本概念、基本组成、基本类型、重要意义、演变趋势等一般共性和时代背景、发展阶段、主要特征、影响因素、分布状况、实施主体等不同个性。要高度重视"一带一路"提出的国内外背景，要着重分析其主要特征互联互通特别是国内互联互通的重要地位、时代要求、发展阶段、主要特征、影响因素、基本类型、分布状况和实施主体等各种内容，并结合新中国成立以来中国国内互联互通的演变过程，全面比较其体制差异、主体差异、动力差异和风险差异等差异。同时，要深入分析其和国际互联互通之间联系和区别等。

2. **要及时加强中国国内互联互通的时代认识和规律把握，并围绕国内互联互通的基本概念、主要内涵和部分外延等要求，不断全面把握中国国内互联互通发展现状**。要通过深刻把握国内互联互通的一般共性和全面把握新中国成立以来特别是改革开放以来中国国内互联互通的基本个性，不断加强中国国内互联互通的时代性、阶段性、体制性和地区性、国际性等规律认识，既要加强其已经处于改革开放时代的时代性认识，也要加强其仍然处于社会主义初级阶段的阶段性认识，还要加强其先后处于传统计划经济体制和社会主义市场经济体制的体制性认识。另外，考虑到这些都要处于一定国际背景下，所以还要加强其继续处于地区一体化甚至全球一体化的地区性和国际性认识。要按照国内互联互通的基本概念、基本组成、基本特征和基本类型等内容，并结合中国国内互联互通的实施主体、实施动力、实施风险、实施途径和实施策略等特点，继续把握其发展现状、主要特征和存在问题等。

3. **要继续深化国内互联互通重要性的理解和认识，并在认真总结中国《愿景与行动》及其各地配合战略等的制定基础上，不断制定完善中国国内互联互通战略规**

划。要通过认真比较国内互联互通和国际互联互通之间的联系和区别，要通过及时比较国内互联互通对不同国家经济社会发展的重要影响，要通过不断比较国内互联互通在改革开放前后中国经济社会发展中的重要地位、主要作用和基本影响等，继续深化国内互联互通重要性的认识。要以继续加快推进中国国内互联互通为主要导向，抓紧修改完善《愿景与行动》及其不同省区的有关配合战略，并在全面把握中央、省区等各种级别国内互联互通的总体规划和专项规划的基础上，及时规范和指导各地国内互联互通战略规划的研究制定，逐步整合制定中国国内互联互通战略规划。对于跨地区、跨省区和跨领域等的重点重大国内互联互通项目，有关各方及其协调机构要适时推动制定相关专项战略规划，如《国务院关于依托黄金水道推动长江经济带发展的指导意见》（国发〔2014〕39号）等。

4. **要准确把握不同地区互联互通的基本定位，并根据各自实施方案的基本特点、存在问题和有关协调机构的职责定位等，不断对接整合中国国内互联互通实施方案**。要根据不同地区的发展阶段、地理区位、资源禀赋、市场发育、时代主题、发展战略和互联互通进展等各种情况，全面准确把握中国不同省区国内互联互通的基本定位，并按照各自规范指导后的国内互联互通战略规划，研究制定其相应实施方案，既要包括实施目标、实施起点、实施步骤和实施项目等各种内容，也要包括实施主体、实施动力、实施风险、实施态度、实施途径和实施策略等各种内容。要认真比较不同省区国内互联互通的实施方案，要继续加强整合制定后的中国国内互联互通战略规划理解和把握，并在及时分析和研究确定有关省区级甚至是中央级协调机构的职责定位、功能作用和政策举措等的基础上，逐步整合制定和完善中国国内互联互通实施方案。对于专项实施方案，有关协调机构要根据其总体实施方案的相关规定和专项战略规划的基本要求等，抓紧研究和制定。

5. **要充分认识建立国内互联互通储备项目的重要意义，并根据中国国内互联互通的实施进度和其储备项目的落实情况，不断选择充实中国国内互联互通储备项目库。** 要通过深刻理解国内互联互通储备项目对于其实施项目顺利建成、功能发挥和有效运转的重要作用，要通过继续把握国内互联互通储备项目对于其有效存在和健康发展的重要影响，要通过全面了解国内互联互通储备

项目对于其相关产业发展的拉动效果等，不断加强国内
互联互通储备项目重要性的认识。要根据中国国内互联
互通的实施方案、项目需求、供给能力、储备情况、资
金状况和实施进度等，并结合有关各方及其协调机构的
职责定位、储备项目建设能力和工作分配安排等，抓紧
按照项目落实缓急、资金筹集难易、建立时间长短和关
系紧密与否等特点，及时分类推进中国国内互联互通储
备项目库的建立健全，要分地区，也要分行业，还要分
人群等，并根据其自身变动情况和外部各种环境变化等
而作出相应调整。

6. **要全面把握中国国内基础设施互联互通的发展现
状，并根据中国国内互联互通的战略规划、实施方案和
有关储备项目，不断加快完善中国国内基础设施互联互
通**。要根据基础设施分类的国际标准和中国的基本规定，
并按照其不同地区、不同行业、不同功能和不同规模等
的分布状况和基本特点，在认真把握整合制定后的中国
国内互联互通战略规划及其实施方案的有关要求和不同
协调机构的职责定位等基础上，全面了解中国国内基础
设施互联互通的发展现状，既要了解其总体发展现状，
也要了解其局部发展现状，还要了解其区域之间甚至是

省区之间发展现状等。要根据各地区基础设施发挥的重要作用、发展的紧迫程度和资金的筹措能力等特点，要按照中央和有关省区国内互联互通的战略规划及其实施方案的基本要求，要顾及有关各方及其协调机构的基础设施项目储备落实情况等，继续发挥市场有效调节和政府宏观调控作用，进一步充分调动个人、企业、政府和非政府组织等实施主体积极性，逐步推进和完善中国国内基础设施互联互通。

7. **要深入分析国内互联互通协调机制的基本类型和联系区别，并根据中国国内互联互通协调机制的发展现状和存在问题，不断规范建立中国国内互联互通协调机制**。要根据参与主体的数量、形成的主要方式、协调的级别高低和功能的范围大小等特征，全面准确把握国内互联互通协调机制的基本类型，既要包括双边协调机制、多边协调机制，也要包括自然演进协调机制、人为设计协调机制，还要包括县市级协调机制、省区级协调机制和中央级协调机制，同时还要包括综合协调机制、专项协调机制等各种协调机制，并认真分析它们之间的各种联系和主要区别。要积极借鉴欧美等其他发达国家国内互联互通协调机制建立健全的主要经验和成功做法，也要认真分析中国不同地区、不同产业、不同级别和不同类型等各种国内互联互通协调机制的发展现状、存在问题和衔接情况，并在深刻把握中央和各省区国内互联互通战略规划及其实施方案的有关要求等基础上，以提高协调效率为主要目标，逐步分类规范和整合建立中国国内互联互通协调机制。

8. 要高度重视国内互联互通评价体系的重要地位，并根据中国国内互联互通评价体系的发展现状、存在问题和目标定位，不断加快建立中国国内互联互通评价体系。要通过认真分析评价体系对于国内互联互通的项目确定、方案选择、有效实施和正常运转的重要意义，要通过认真总结评价体系对于欧美等其他发达国家国内互联互通的有效存在和健康发展的重要作用，要通过认真比较评价体系对于改革开放前后中国国内互联互通不断推进的重要影响等，充分认识国内互联互通评价体系的重要地位。要继续深入理解国内互联互通评价体系的基本概念、主要内涵、部分外延和基本类型等各种内容，要继续总结梳理国内外特别是中国国内互联互通评价体系的演变趋势、主要经验、发展现状和存在问题，并在继续全面把握中央和各省区国内互联互通战略规划及其实施方案的有关要求等基础上，研究选取各种合理指标，统筹确定相关权重，改进完善整合方法，逐步分类建立中国国内互联互通评价体系，同时要伴随其自身发展要求和外部环境变化等而作出相应调整，既要包括总体评价、专项评价，也要包括纵向评价、横向评价，还要包括初始评价、过程评价和结果评价，如项目评价、行业评价、地区评价、风险评价和效益评价等各种评价。

总之，"一带一路"的战略大幕已徐徐拉开，《愿景与行动》也已制定发布，并陆续付诸实施，亚洲腾飞的政治梦想正在逐步实现，但这都需要互联互通特别是国内互联互通的不断夯实和坚定支持，如果说互联互通是"一带一路"的血脉经络，那么国内互联互通就是其血脉经络的主要根脉，毕竟国际互联互通只是国内互联互通的必要延伸和积极拓展，所以要继续抓紧推进"一带一路"，就必须首先继续加快推进中国国内互联互通建设步伐。

谢士强，男，1973 年生于江苏省睢宁县，2006 年毕业于中央财经大学经济学院，经济学博士。现为中国社会科学院办公厅副研究员、副处级学术秘书，兼任社科院研究生院硕士生导师，国家开发银行特聘专家，中国社会主义经济规律系统研究会副秘书长，中国发展战略学研究会会员。目前主要从事现代计划经济理论、宏观经济理论与政策、国家治理体系等方面研究。目前已出版专著 1 部、译著 1 部，并在《经济体制改革》《卫生经济研究》等经济类核心期刊公开发表文章 30 多篇，总共撰文 120 多万字。另外，《从行政体制改革角度看彻底解决我国信访突出问题》一文经《要报》于 2014 年第三季度上报中共中央办公厅，并被全文刊用。

曹红辉，男，1966 年生于湖南常德，经济学博士，研究员。现为国家开发银行研究院研究员、副院长，国家开发银行金融研究发展中心副主任，兼任中国社会科学院研究员，对外经济贸易大学、西南财经大学、吉林大学、天津大学等高校兼职教授、博士生导师。曾任中国社会科学院金融研究所金融市场研究室主任、国际金融研究室主任、支付清算研究中心主任，世界银行金融资产证券化咨询顾问，亚洲开发银行金融咨询顾问，区域投资担保机构顾问，APEC（亚洲及太平洋经济合作组织）资产证券化危机监测小组专家，"10＋3"（东盟及中日韩）区域金融合作咨询专家，2014 年 APEC 北京财长会议副秘书长等职。目前主要从事金融市场、宏观经济决策管理、公司金融、资产定价、国际金融、支付清算等方面研究，著作有《中国资本市场效率研究》《创业投资》《创业板投资》《中国的金融问题》《亚洲债券市场发展研究》《支付结算理论与实务》《中国电子支付发展研究》*An Appraisal of the Impacts of Non – tradable Shares Reform on Large Shareholder's Behavioral Modes of Listed Companies in the A – Share Market* 等。

朱守先，男，1975 年 10 月出生，江苏铜山人，博士，副研究员。2008 年毕业于中国科学院研究生院，获博士学位（理学），2008—2010 年在中国社会科学院城市发展与环境研究所从事博士后研究（应用经济学），2010 年起在中国社会科学院城市发展与环境研究所从事科研工作，主持中国社会科学院内蒙古气候政策研究院北京办公室工作，2015 年 12 月起在甘肃酒泉钢铁集团挂职，为期一年，任发展规划部副部长。目前以气候变化经济学、低碳经济、能源安全与区域发展为主要研究方向。主持国家社会科学基金"气候容量对城镇化发展影响实证研究"，参与研究项目包括"十二五"国家科技支撑计划"城镇低碳发展关键技术集成研究与示范"，国家自然科学基金"21世纪西部地区能源生态系统发展战略研究"、"中国城市化进程的资源环境基础研究"、"长三角城市密集区气候变化适应性及管理对策研究"、"中国西部地区能源资源开发时空协调问题研究"等共20余项，主持编写教材1部，参编专著12部，发表论文50余篇。

温灏，男，1977年7月出生，辽宁大连人，经济学硕士，高级经济师，2004年毕业于东北财经大学研究生院。曾任东北财经大学文化传播学院团委书记、学生工作秘书，2004年4月至今在国家开发银行总行工作，现任国家开发银行研究院国际战略研究部策略规划经理（副处级）。长期从事宏观经济、国际战略、金融市场、小微金融、互联网金融等领域研究；参与中俄、东南亚、中东、大洋洲等地区能源、矿产资源合作开发规划，以及互联互通、"一带一路"等国际战略研究；参与《国开行国际竞争力分析评估项目》和《境外人民币业务研究》等多项课题研究，发表论文十余篇。